男女賃金格差をなくすために

やってみよう！
職務評価

女も男も
― 自立・平等 ―
No.116
2010年 秋・冬号

Contents 目次

女も男も
―自立・平等―
No.116
2010年 秋・冬号

男女賃金格差をなくすために
やってみよう！職務評価

はじめに　ペイ・エクイティってなに？　屋嘉比ふみ子

　ペイ・エクイティ（同一価値労働同一賃金原則）とは……4
　日本のペイ・エクイティ運動の歴史……7

PART 1　放置できない日本政府のILO100号条約違反
ILOへの申し立ての意義とそれが切り開くもの
　――中野麻美弁護士に聞く

　100号条約違反申し立ての内容……12
　賃金決定のメカニズムのなかにある差別を可視化するために……13
　ILOへの申し立ての意義……14
　日本政府の見解とそれへの反論……17
　職務評価制度を普及するには……21
　働き方や人事管理のあり方も変わってくる……22

PART 2　カンタン職務評価（実践編）　屋嘉比ふみ子

　職務評価に取り組むにあたって――対人サービスの仕事に就いている人に向けて……36
　感情労働について……38
　実践編……46

PART 3　均等待遇の実現に向けて
　――厚生労働省の『職務分析・職務評価実施マニュアル』を検討する　禿あや美

　均等待遇の重要性の高まり……58
　均等待遇の具体的手法――職務分析・職務評価……60
　厚生労働省の『職務分析・職務評価実施マニュアル』の検討……67
　労働組合による研究・開発と発言力強化が不可欠……71

PART 4　欧米における同一価値労働同一賃金原則の動向と
ILOのジェンダー中立的な職務評価方法　居城舜子

　はじめに――各界で注目を集めるようになった同一価値労働原則……74
　欧米における取り組みの歴史と現状……74
　ILOのジェンダーに中立的な職務評価ガイドブックの紹介……78
　まとめにかえて――労基法4条を検討する時期……86

おわりに　今後の課題　酒井和子

　同一価値労働同一賃金に向けた動き……90
　職務評価の実施に向けた課題……92

●BOOK GUIDE　56、88、95

はじめに
ペイ・エクイティってなに？

屋嘉比ふみ子
(ペイ・エクイティ☆コンサルティング・オフィス代表)

ペイ・エクイティ（同一価値労働同一賃金原則）とは

なぜペイ・エクイティが必要なのか？

「男と同等の仕事をしているのに、女だからというだけで年収が300万円も違うってどういうこと？」「パートだけど、正社員とほとんど同じ仕事で、勤務時間が一日30分違うだけ（あるいは同じ）なのに、責任が違うとか言われて、年収は正社員の半分って変じゃない？」など、賃金差別に対して、女性たちは疑問や不満を持って働いています。労働条件における処遇の差別は「人としての尊厳」を貶め、さらに年金など生涯にわたる生活全般、つまり人生そのものに大きな影響を与えます。

労働基準法（以下、労基法）4条では男女同一賃金を規定しています。しかし、学歴、勤続年数、雇用形態などを理由とした賃金格差は合理的（適法）と解釈され、あらゆる意味で男女が同一の条件のケースでしか賃金格差が問題にされないため、大多数の女性たちが均等待遇の対象から除外されてきました。その悪条件は公務現場に臨時・非常勤という働き方が導入された1960年代から一貫して続き、雇い止めという不当な解雇が毎年繰り返され、労働者の入れ替えが公然と行われてきました。労基法も地方公務員法も適用除外にされた「法のはざまの労働者」としての身分差別は、明白な人権侵害です。

現在、男性正社員の賃金を100とすれば、女性正社員69.8％、男性パート54.8％、女性パート49.1％であり、女性パートは男性正社員の5割にも満たないのです（2010年度版『男女共同参画白書』）。この10年余りで格差はわずかに5％縮まっただけです。

「男性片働き世帯」を標準モデルにし、女性は夫に扶養されるものとする家父長制と性別役割分業意識や慣行がいまだに根強く残っており、基本的人権である女性の労働権は確立していません。

正規公務員の男女同一賃金が、公務員のみの恩恵的処遇にとどまり、半世紀以上も民間に波及しなかったのはなぜのでしょうか。また、公務現場での官製ワーキングプアは全国で増大しており、正規労働者と同じ時間働いても年収が200万円以下で期限つき、という究極に不安定な処遇がまかり通っています。

ちなみに地方公務員の年収は平均728.8万円、民間企業の年収は平均434.9万円（パート、アルバイトなど非正規を含む）です（『総務省2006年地方公務員給与の実態』『国税庁2006年民間給与実態統計調査』）。

公務員と民間企業労働者との大きな年収格差は、明らかに男女賃金格差（差別）を象徴するものであるといえます。民間では性別で職務が分離されているため、男女が同一の労働に就くことは難しく、使用者側が意図的に男女を異種労働に就けることによって、男女賃金差別を合理化してきました。巧妙に男女の職務内容や職掌を変えて、ほんの少し違うだけで「異なる職務」と判断し、格差は「当然」とされてきました。

また、雇用機会均等法では、雇用管理区分

が異なれば賃金格差は合理的としているため、男女別コース別制度が導入されている企業では大多数の女性が不当な処遇の下に置かれ、さらに非正規労働者は雇用形態が違うという理由で差別されてきました。実際の労働現場では、男性は職務内容にかかわりなく自動的に昇給・昇格を得ることができますが、女性だけが「仕事が違う」と、仕事内容を問われてきたのです。

1993年に施行したパート労働法（2008年改正）は、性別役割分業を前提とし、これまでどおり女性たちの「家計補助的労働」「自立して生計基盤を担わないと思われる主婦労働」を活用すると位置づけた「日本型均衡処遇」にすぎません。差別禁止の対象は、パートが正社員と、①職務が同じ、②人材活用（転勤、配転）の仕組みが同じ、③雇用期間が無期という3要件を満たすことが条件になっていますが、その大半が有期雇用であるため、均等待遇の対象者は数％しかいません。

日本はILO156号条約（家族的責任条約、95年）を批准していますが、これに付随した勧告（第165号）では、パートタイム（非正規すべて）とフルタイムの均等待遇が義務

づけられています。均等待遇を保障していない日本は、ILO156号条約にも違反をしています。2010年現在、パート・アルバイトなど非正規労働者は1743万人、そのうちの1214万人（69.7％）が女性です。

「フレキシブルで多様な労働条件」という言葉を政府や使用者は使いますが、非正規労働者の賃金は、外部労働市場（世間相場）によって決定されています。個人が従事する職務が、専門的な技能や経験および心身の負担を要求されるものであっても（つまり、仕事の質が高く、量がいかに多くても）、女性パートは家計補助的主婦労働と位置づけ、最低賃金と同列に扱われています。この事実こそが、さまざまな国際条約に違反しているといえます。

ペイ・エクイティは、性別や雇用形態による差別をなくすために、ジェンダーニュートラルな職務評価を行って「職務の価値」を数値化し、その結果で公正な賃金に是正する制度です。ペイ・エクイティが国際基準であり、日本が批准しているILO100号条約や国連の女性差別撤廃条約で規定され、いまや世界各国で常識となっています。

国際条約など

■女性差別撤廃条約（日本は1985年批准）

11条1項（d）では、「同一報酬及び同一待遇についての権利並びに労働の質の評価に関する取扱いの平等についての権利」を保障するために措置を講じることが締約国の任務であるとしています。2009年7月、CEDAW（国連女性差別撤廃委員会）における第6回日本政府レポート審査がニューヨークで行われ、8月に雇用に関する分野では、締約国の日本政府に対して「11条の完全遵守を達成するために、労働市場における女性と男性の事実上の平等の実現を優先課題とすることを強く要請する」「垂直・水平の男女職業分離をなくし、男女の賃金格差をなくすために暫定的特別措置を含む具体的な措置を取ることを勧告する」「特に、条約及びILO100号条約に基づく同一価値労働同一価値賃金の原則を確認する規定が労働基準法にないことに懸念を有する」と、政府の対応の不充分さを強い姿勢で指摘しています。

■ILO100号条約(同一価値労働についての男女同一報酬)(日本は1967年批准)

条約は、2条1項で、「報酬率を決定するために行なわれている方法(団体交渉等)に適した手段によって、同一価値の労働についての男女労働者への適用を促進し、及び前記のすべての労働者への適用と両立する限り確保しなければならない」と義務づけ、第90号勧告-5では、「労働者の性別にかかわらない職務分類を行うため、職務分析またはその他の手続きによって、仕上げるべき仕事の客観的評価の方法を確立し又はその確立を奨励すべきである」と謳っています。

ILOの加盟国183カ国中、167カ国が批准しており、先進資本主義国ではこの原則に基づいて国内法を整備し、賃金格差の是正がなされてきました。日本政府に対しても、ILO条約勧告適用専門家委員会(以下、条勧委)から何度も勧告が出されていますが、改善の兆しはなく、労働組合もまた、大小問わず職務評価にまったく取り組んできませんでした。その理由は、職務の価値という概念が普及していないことや、労働組合運動が今でも男性・正社員中心であること、また、政府がILO条勧委やCEDAWの勧告を無視し続けてきたことなどがあります。

ILO条勧委は労基法4条の不充分さを指摘し、①同一価値労働同一賃金を法律で明確に表現するよう法改正の措置を取ること、②100号条約批准の取組方法を検討する」とされました。ILO100号条約批准から43年を経て、ようやくたどり着いた地点です。

これは政権交代の産物でもありますが、全国のNGOやユニオンで活動してきた女性たち、ならびに10年から15年という長期にわたって賃金差別を問う裁判闘争をたたかってきた原告たちの運動の成果です。向こう5年間の間に、どこまで実効性ある法整備や制度改革につなげられるかは、政府の姿勢にかかっています。しかしそれだけではなく、労働組合やNGOの運動全体がジェンダー平等を推進するために、ペイ・エクイティに本気で取り組み政府を動かせるか、その意気込みや熱意等、運動する側の力量が問われるところもあります。

でも男性・正社員中心であること、また、政府がILO条勧委やCEDAWの勧告を無視し、また「非正規雇用における雇用環境の整備」でも、非正規労働者の均等・均衡の推進の取り組みとして、「同一価値労働同一賃金の実現に向けて、法整備も含めて具体的な取組方法を検討する」とされました。ILO100号条約批准から43年を経て、ようやくたどり着いた地点です。

4条はILO100号条約の要請を満たしているので、法改正の必要はない、②男女賃金格差の主要な原因は、女性の勤続年数が短いことと管理職比率の低さにある、などと主張してきました。

■第3次男女共同参画基本計画

2010年7月に出された答申では、「雇用等の分野における男女の均等な機会と待遇の確保」のなかで、具体的な取り組みとして「同一価値労働同一報酬に関する条約(第100号条約)の実効性確保のため、職務評価手法等の研究開発を進める」とはじめて明記

見えない労働の可視化

日本の女性労働政策は、女性の労働権と生活権を無視し続けてきましたが、近年の経済

の低迷と混乱はさらに女性たちを直撃し、女性の貧困が深刻化しています。女性の貧困を見えるものにするためには、女性の仕事を分析し可視化する必要があり、性に中立な職務評価制度の確立が重要です。

■日本の人事考課の特徴（成果主義・能力主義賃金）

欧米では、職務・仕事に関連する客観的評価項目が重視されているのに対し、日本の評価要素は、考課者の裁量に左右されやすい「態度・意欲・性格」の評価、また「忠誠度、協調性」などの〝情意考課〟が優先し、主観的な職務（看護師、保育士、事務職、介護職等）と、典型的な男性職（男性が70％）の職務（大型トラック運転手、建築・土木技術者等）双方の分析と評価により、公平で公正な賃金に是正するシステムです。世界各国どこにでもある、女性職と男性職という性別職務分離によって性差別賃金を是正するために、たとえば看護師とトラック運転手など、男女の異なる職務（職種）についての評価を目的としました。また、非正規労働者は大多数が有期雇用のため、権利の主張が容易でなく、さらにジェンダーバイアスの強い男性管理者の考課は女性により厳しく、女性の仕事を正当に評価するシステムにはなっていません。

■職務評価の目的

職務評価の目的は、主観的な人物評価ではなく、客観的で性に中立な「仕事の評価」です。PART2で詳しく述べますが、①技能、②精神的・肉体的負担、③責任、④労働環境、という4つのファクター（要素）を用いて数値化するもので、賃金設定で用いられる基準にジェンダーの偏りがないことが条件です。

これは、典型的な女性職（女性が70％）の職務（看護師、保育士、事務職、介護職等）と、典型的な男性職（男性が70％）の職務（大型トラック運転手、建築・土木技術者等）双方の分析と評価により、公平で公正な賃金に是正するシステムです。世界各国どこにでもある、女性職と男性職という性別職務分離によって性差別賃金を是正するために、たとえば看護師とトラック運転手など、男女の異なる職務（職種）についての評価を目的としました。また、非正規労働者は大多数が有期雇用のため、権利の主張が容易でなく、さらにジェンダーバイアスの強い男性管理者の考課は女性により厳しく、これまでの性差別的な日本の賃金制度を抜本的に変える合理的な手段です。

日本のペイ・エクイティ運動の歴史

ペイ・エクイティ研究会の実践

日本ではじめてペイ・エクイティが紹介されたのは、1992年、女性労働問題研究会が開催した「雇用平等の最前線」というシンポジウムの場です。1994年には、ペイ・エクイティを具体化するために商社で働く女性、弁護士、研究者が、アメリカとカナダのペイ・エクイティ運動を調査し、報告書『平等へのチャレンジ』（1996年）を発行しました。

1995年、大企業の商社で働く正社員女性と研究者がペイ・エクイティ研究会（以下、研究会）を立ち上げ、約2年間にわたって商社での職務分析・職務評価の実践を行い、『WOMEN AND MEN PAY EQUITY 商社における職務の分析とペイ・エクイティ』（1997年）を発行しました。商社15社で働く女性社員224人と男性社員88人の協力を得て、総勢16人が研究に参加した優れた報告書

です。

これらの研究・実践は非常に画期的な取り組みであり、今日のペイ・エクイティ運動のベースとなっています。

その後、次に述べる2つの裁判で職務評価を実施しましたが、2003年からは、東京ケアユニオンが介護労働研究会を立ち上げて実態調査を行いました。さらに、2006年から3年間、研究者とケアユニオンその他の労働組合が中心になってつくったペイ・エクイティ科研費研究会によって、医療・介護やスーパーマーケット等の正社員と非正規社員との職務評価が実践されました（本書61ページ、95ページ参照）。

日本初、職務評価結果が判決として結実
——京ガス男女賃金差別裁判

筆者（屋嘉比）が原告としてたたかった京ガス男女賃金差別裁判では、同一価値労働同一賃金原則を日本ではじめて裁判の俎上にのせました。

1998年4月27日、（株）京ガス（ガス配管工事事業を主要に請け負う建設会社）を被告に、男女賃金差別事件として京都地裁に提訴し、01年9月20日に勝利判決を勝ち取りました。一審判決は、「原告と男性監督職の各職務を、知識・技能、責任、精神的な負担と疲労度を比較項目として検討すれば、その各職務の価値に差はない。労基法4条違反で違法、賃金格差は女性差別である」と明言し、検収・積算事務職とガス工事監督職という異なる職務の「同一価値労働」を実質的に認めて原告勝訴としました。

判決は、事務職と監督職の職務評価を具体的に実施した、森ます美さん（昭和女子大学教授）執筆の「鑑定意見書」を証拠の筆頭に挙げています。同期の男性監督職と原告事務職の職務評価の実践が、判決として結実しました。認定損害額は男性の85％とされるという不当な部分ももちろんありますが、「職務の価値」という概念を採用した内容は画期的でした。05年12月8日、大阪高裁の勧告による一審判決を活かした和解で解決しました。

日本では立証が困難といわれた同一価値労働同一賃金原則を真っ向から掲げてたたかった裁判は、全国的な支援を得て、運動の力で勝利したものです。京ガスの地裁判決・高裁和解は、その歴史的意義と社会的影響ならびに波及効果は甚大であり、ペイ・エクイティ運動のスターティング・ポイントとなりました。

コース別雇用管理区分による賃金格差は違法
——商社兼松男女賃金差別裁判

1995年に提訴した商社兼松の男女賃金差別裁判でも、京ガスの地裁判決後、森ます美さんを中心とする研究者と原告団、および同じ職務を体験した商社の女性たちで職務評価を実施しました。原告6人の職務とそれぞれの仕事上でペアを組んでいた男性の職務を比較対象にして職務評価を行い、2002年10月、「鑑定意見書」（森ます美さん執筆）を提出しました。しかし、地裁では「意見書」は採用せず、「憲法に反する差別ではない」との意味不明な理由で敗訴しました。高裁でさらに新たな「意見書」を提出した結果、2008年1月31日に出された高裁判決では、2人の原告を損害賠償から外すという不充分さはあったものの、職務評価結果を採用した原告側の勝訴でした。

高裁判決では、「コース別雇用管理制度の下で異なるコースに属する事務職（女性）と一般職（男性）の担当職務の同質性を認め、賃金に相当な格差があったことに合理的な理由は認められず、性の違いによって生じた労基法4条に違反する賃金差別である」と認定しました。男女雇用機会均等法が謳う「雇用管理区分内の機会の均等（コースが同じ場合だけ差別禁止の要件とする）」の論理を超えて、異なる雇用管理区分の労働者間における職務の同質性に基づいて賃金格差を差別と認めたことは、今後の運動に大きな光を与えたといえます。

また判決は、転勤や転換制度が差別賃金の合理的根拠にはならないことにも言及し、コース別雇用管理区分による賃金格差を違法としました。この高裁判決は、職場内のコース別制度だけではなく、非正規と正規という雇用管理区分による賃金差別の理不尽さを指摘するものとして高く評価できます。2009年10月、最高裁は原告・被告双方の上告を棄却し、高裁での勝利的判決が確定しました。

プロフィール

屋嘉比ふみ子（やかび・ふみこ）
1981年（株）京ガス入社。1987年、日本初の女性ユニオン、おんな労働組合（関西）の結成に参加、活動。1998年、男女賃金差別裁判を京都地裁に提訴し、勝利判決を得る。均等待遇アクション21、働く女性の人権センター☆いこる、働く女性の全国センター（ACW2）等で活動しつつ、現在、ペイ・エクイティ☆コンサルティング・オフィス（PECO）代表。
http://www7b.biglobe.ne.jp/~peco09/

資料1　京ガス闘争、商社兼松裁判の年表

年	京ガス闘争	商社兼松裁判	労働・経済・社会
1984	3月　屋嘉比を含む6人の指名解雇に1人で抵抗し、解雇撤回させる		
1986			男女雇用機会均等法施行 労働者派遣法施行
1987	11月　おんな労働組合（関西）結成に参加		
1992	職員組合委員長に		育児・介護休業法施行
1993			パートタイム労働法施行
1994	7月　おんな労組で団交開始		
1995	5月　大阪府労働委員会申立て（13回審問）	9月　東京地裁に提訴	日経連「新時代の日本的経営」発表
1997	7月　労働委員会結審		平成不況の本格化
1998	3月　申立て取り下げ		
1998	4月　男女賃金差別事件として京都地裁に提訴		
1999			改正男女雇用機会均等法施行 改正労働者派遣法施行 改正労基法（女性の深夜労働の解禁など）施行
2001	1月　「意見書」（森ます美教授執筆）提出 9月　同一価値労働同一賃金原則を認め、原告勝利 　　　被告・原告双方が控訴		小泉改革始まる
2002		10月　「鑑定意見書」（森ます美教授執筆）提出	
2003		11月　地裁判決、敗訴	
2004			改正労働者派遣法（製造業への派遣解禁）施行
2005	12月　大阪高裁で原告の勝利的和解		
2006			「ワーキングプア」が問題化
2007	2月　半年間の倒産争議を経て、大阪府労委で勝利和解を勝ち取ったが失職		改正男女雇用機会均等法施行
2008	6月　PECOを設立	1月　高裁判決、勝訴	改正パートタイム労働法施行 リーマンショック 「派遣切り」が問題化
2009	6月　UPE（ユニオン・ペイ・エクイティ）を結成	10月　最高裁上告棄却（高裁判決確定）	民主党政権誕生
2010			改正育児・介護休業法施行

PART 1

放置できない日本政府のILO100号条約違反
ILOへの申し立ての意義と
それが切り開くもの
―― 中野麻美弁護士に聞く

100号条約違反申し立ての内容

――2009年7月29日に、ILOに対して、ユニオン・ペイ・エクイティ、商社ウィメンズユニオン、全石油昭和シェル労働組合の3労組が、「ILO憲章24条に基づく日本の男女賃金差別に関する100号条約（男女同一価値労働同一報酬条約）違反申し立て」を行っています。まず、この申し立ての内容からお話しください。

中野 日本では、労働基準法（以下、労基法）4条が、罰則を付して性差別賃金を禁止しています。一方、1967年にはILO100号条約を批准して、国内的効力を生じるに至りました。ILO100号条約は「同一価値の労働についての男女労働者に対する同一報酬に関する条約」といい（資料1参照）、男女間賃金格差を解消するためのひとつとして、男女が従事する職務が異なるものであっても、賃金がその職務に対して支払われる性質を有しているのであれば、性中立的な職務評価基準に基づいてその価値をはかり、同一価値の労働である場合には同一の報酬を支うべきであるという原則を含めて、男女平等賃金保障に向けた政府の義務を規定しています。

ところが、現実には、監督行政も司法も、異なる担当職務や職種の間の男女間賃金格差には労基法4条を適用しないとする法の運用や判断を行ってきました。この傾向は、とくに1985年の男女雇用機会均等法制定以降、強まってきたように思います。均等法は、同一の雇用管理区分にある男女間の格差のみを性差別として行政権限を発動して是正させるという基本的なスタンスですが、同様の運用は労基法4条にも及んでいます。また、担当職務の違いは、賃金差別というより、「配置差別」や「昇進差別」の問題であるとされ、仕事配置に差別がない以上は賃金格差はやむを得ないという考え方には根強いものがあります。

申立組合は、男女間の賃金格差が「担当職務」や「職種」に基づいて設定されている雇用管理区分の違いによると説明される場合であっても、性中立的な職務評価基準の適用なしに労基法4条に違反しないと判断することは、ILO100号条約に違反すると考えて

いまず。また、労基法4条に違反するとしながら、是正を命じないことも同様です。日本政府にこのような法の運用を改善させるために、3労組が100号条約違反の申し立てを行いました（申立書は、資料2参照）。申立組合が100号条約に基づいて求める勧告の内容は、図表1のとおりです。

――申し立ては、2010年3月に受理され

図表1　申立組合が求める勧告の内容

①日本政府は、異なる担当職務や職種の間の男女間賃金格差には労働基準法4条を適用しない法の運用を改めるべきである。
②日本政府は、異なる雇用管理区分（職種・就業形態・契約形態・キャリア開発など活用区分）であっても、職務評価結果が同等である男女間の格差は性差別とするよう男女雇用機会均等法及び労働基準法4条の運用を改めるべきである。
③男女間の賃金格差を「担当職務」や「職種」の違いから労働基準法4条に違反しないとする場合には、性中立的な職務評価基準なしに判断しないよう、職務評価制度を確立すべきである。
④賃金格差が性差別賃金であると判断された場合においては、賃金格差の全額を是正し、あるいは将来に向かって格差を是正する措置を講じるべきである。
⑤雇用管理区分の違いによる男女間の大きな賃金格差を解消するためにも、職務評価制度を確立すべきである。

中野　この10月に、政府の答弁書が出てきたところです。それに対する反論を、こちらのほうで用意する段階になります。

——その後の流れはどのようになりますか。

中野　ILO条約勧告適用専門家委員会の担当委員で論点を整理し、審議の上結論を出すことになると思います。

賃金決定のメカニズムのなかにある差別を可視化するために

——労基法4条があるにもかかわらず、男女平等賃金保障のためにILO100号条約が、なぜ必要かについて、もう少し詳しくお話しいただけますか。

中野　賃金は、働き手の生活の基盤をなす重要な労働条件ですが、一家の生計の担い手である男性と、そのようには位置づけられない女性の間には大きな賃金格差があります。これは、賃金が労働者の生活を維持するという観点から決められてきたことと関連しますが、男女の職務分離が激しい労働市場では、女性が多くを占める女性職では、男性が多くを占める男性職よりうんと低額な賃金が支払われる傾向と連動しています。女性職には、たとえばケアワーカー、事務職、サービス業などが、男性職には、たとえば大型トラックやバス運転手、建築・土木の技術者などがあります。医師や看護師など医療職でも分離があります。男性職についてはブレッドウィナー、つまり主たる生計維持者としてふさわしい賃金を支払う労働市場のメカニズムが働いていますが、女性職についてはそれほどでなくても雇うことができるというメカニズムが働きます。

こうしたメカニズムからすると、女性職と男性職との間の賃金格差は、もともと性差別賃金を解消して女性が男性に等しく経済的な地位を得、自立して生きられる平等賃金保障のためには、そうした差別を可視化しなければなりません。そして、賃金是正をはかっていくことが求められることになります。

ところが、この賃金格差は差別ではないかと主張しても、「仕事が違うのだから、賃金額が違って当たり前」ということでそれ以上究明が進まないのでは、何も改善されません。保育園の保育士と、そこにスクールバスで子どもを送迎している運転手の賃金とを比べると、どうして運転手の賃金のほうが高いのか、というような問題ですね。もし、賃金決定のメカニズムのなかに差別があるのであれば、それは取り除いていかなければなりません。その差別を可視化するという作業が、まず必要になってくるわけです。

そして、その賃金格差の根拠が仕事にあり、女性職と男性職との間の賃金の格差があるというのであれば、職務の違いを外形だけではなく、別のものさしで、その賃金決定が合理的になされているかどうかを検討しなければならないわけです。その判断のものさしになるのが、職務の価値評価、性中立的な基準に基づいて職務の価値を評価するというアプローチなんです。

ILOは、そういうアプローチのために、職務評価についてのガイドラインを出しています（PART4参照）。そういうアプローチの手法をとって検討していくと、男性と女性がそれぞれ担当している職務の価値が同等と評価できるケースがたくさんあります。こ

ILOへの申し立ての意義

のような場合には、やはり賃金是正をしないといけない。こうした手続きによって、男女の賃金格差を埋めていく、なくしていくということです。

100号条約が政府に課しているもの

中野 この100号条約は、政府にその実現のための義務を課しています。民間部門については、性中立的な職務評価によって賃金格差を埋めるような取り組みを促進するという義務であり、公的部門については、性中立的な職務評価にしたがって賃金決定する仕組みを確保しなければならない義務を負担しています。

この条約の定めについて政府は、具体的な義務は負担していない、まして同一価値労働同一賃金原則に基づいて労基法4条を運用しなければならないといった義務はないはずだと言うのですが、少なくとも、日本政府の義務として、仕事の違いが賃金格差の根拠になっている場合には、「仕事が違うのであれば、賃金格差の是正は指導できません」と言うのではなくて、性中立的な職務評価に基づいて本当に「仕事の違い」に基づく合理的な賃金格差なのか、を判断し、その評価結果が同じであるのに賃金に格差があるのであれば、それを性差別と認定し、是正させなければなりません。それが民間部門において、平等賃金を確保するために労基法4条を設けて行政権限を発動できる政府に課せられた義務だと考えられるわけです。

そういう原則が、司法判断や労働基準監督署の取り扱いにおいて徹底されているのかというと、非常に不充分です。この間、女性たちがそういう手法を用いて格差是正に意識的に取り組んできて、違った仕事でも男女差別だと認定をする司法判断がいくつか出てきてはいるのですが……。

中野 出ていますね(図表2参照)。内山工業事件では、男女は同価値と評価される職務に従事していたとして、労基法4条違反で、損害賠償の支払いを命じました。また、昭和シェル石油野崎事件や兼松事件でも出てきていますが、不充分だし、その趣旨は完全には徹底されていません。

日本政府がILO100号条約に批准したのは1967年です。ずいぶん前ですよね。それにもかかわらず、今日までそれはまったくないに等しい状態で、司法だけでなく労働基準監督署も「仕事の違いだったら、しょうがないですね」ということで、労基法4条違反をとっていません。

100号条約の趣旨に則って、不徹底な部分をなくし、賃金是正に大きく舵を切るべきときです。そのきっかけとなればという のが、今回の申し立ての意義なんです。

100号条約に則って司法も監督行政も賃金是正に舵を切るべきとき

――司法判断でも、京ガス事件(「はじめに」参照)以外にもそういう判決が出ているのですが、それぞれどういう点が問題になってい

賃金差別を問う裁判の判決を検証すると

――申立組合は、いずれも訴訟を抱えていま

図表2　日本における男女賃金差別裁判

●職務評価により労働の価値を検討し、性差別を可視化した裁判例
〈内山工業事件〉
男女は同価値と評価される職務に従事していたとして労基法4条違反で、損害賠償の支払いを命じた。（岡山地裁、2001.5.23）
広島高裁も一審判決支持。ただし、時効を認めた。（2004.5.28）
最高裁勝訴（2008.7.13）

〈京ガス事件〉
原告の職務と同期男性の職務を、知識・責任・精神的な負担と疲労度を比較検討し、価値に差はないと、差額賃金の支払いを命じた。（京都地裁、2001.9.20）
大阪高裁で和解。（2005.12.8）

●最高裁で係争中の性差別事件
〈昭和シェル石油・野崎事件〉
昇格管理を男女別に実施した結果として労基法4条違反を認め、厚生年金の将来分などを含め損害賠償を認めた。（東京地裁、2003.1.29）
高裁は、和文タイプは困難性が高くない、また、85年以前の差別は違法とは言えないとし、損害額は半分となる。（東京高裁、2007.6.28）
労基法は1947年施行であり、職務評価もしない判決は憲法違反と上告。
現在、最高裁第一小法廷に係争中。

〈兼松事件〉
均等法施行前に、男性は一般職、女性は事務職と一律に移行。男女の賃金格差は憲法14条に反するが、公序に反するとまでは言えないと退けた。（東京地裁、2003.11.5）
原告は同じ職場の男性との職務評価を提出。高裁は、一般職・事務職の仕事は重なっており成約業務と履行業務は同質である。しかるに、事務職女性は定年まで勤務しても一般職男性27歳の賃金に達することがなく、性差別と推定できるとし、6名中4名の原告に対し、労基法4条違反であることを認め、賠償を命じた。残り2名のうち1名の秘書業務を補助業務などとし、もう1名は勤続15年未満で違法ではないと訴えを退けた。（東京高裁、2008.1.31）
女性の仕事に対する偏見に満ち、勤続年数15年の根拠はないことから上告。
現在、最高裁第三小法廷に係争中。

（出所：均等待遇アクション21「女の仕事に正当な評価を―ILO100号条約を活かそう」）

るのでしょうか。

中野　昭和シェル石油の「野崎事件」については、高裁で、一部認められなかった部分が出ました。その根拠が、和文タイプとテレックス業務の違い。和文タイプを扱う業務は、定型的で困難性はテレックスほど高くはないというのです。

兼松事件は、「一般職（男性）と事務職（女性）というコース別雇用管理」で仕事が異なることは認めました。その賃金格差に性差別があるということや、仕事の違いとか、配置転換（全国的、国際的な配転も含めて）に応じる義務があるかどうかということと賃金格差とは合理的に関連しないとして、賃金格差について月例賃金にして10万円ほどが性差別であるとして賠償請求を認めました。しかし、勤続年数が15年に満たない（14年何カ月という）女性の請求が認められていません。それと、秘書業務に就いていた女性も、仕事の困難度でみれば同等とはいえないということで認めませんでした。でもそれは、原告側が行った職務評価結果に関連しないとして、裁判所については、客観的な職務評価の基準にないで、感覚で業務の質（価値）を判断していることがわかります。基準がないところで感覚で判断すると、どうしてもバイアスが入りますからね。

したがって、司法の場面でも、確立された職務評価の基準に基づかないで判断することは問題なんだ、それはILO100号条約に

違反する、ということで、提訴しています。

それから、昭和シェル石油の現役の人たちの全石油昭和シェル労働組合のケースは、裁判所が差別を認定したにもかかわらず、賃金是正を認めませんでした。その根拠として裁判所は、業績評価とか能力評価による賃金決定システムを採用しているから……要するに「使用者が裁量によって、労働者を格づけて、賃金を決定していくという個別決定のシステムの下では、使用者に裁量権があるので、賃金の是正を求める権利は労働者にはない」と言っています。このことは、差別はあっても、賃金は使用者が自由に決められるんだから、労働者に「公正な賃金の支払いを受ける権利」はないということに等しいものです。

現状では、企業の賃金制度もだんだん変わってきています。資格制度も年功的に運用している場合ですと、年功基準があって（内部的なものにすぎない場合がほとんどですが）そういう場合には、男女別の運用基準の違法性を示せば、女性も、男性であれば受けることのできる基準に基づいて賃金の支払いを受ける権利があると主張することができます。

しかし、業績評価や能力評価に基づく賃金制度の下では、賃金決定は個別に行われるから金額は決められない、というわけです。そういうのはおかしい。仕事の価値評価が変わらないのに、男性と同等の賃金の支払いを認めない、賃金是正ができないという裁判所の判断を、これは一〇〇号条約の趣旨に基づかないものだから条約違反だと訴えているわけです。

賃金格差がなかなか縮まらない

――提訴に踏み切った背景について、聞かせていただけますか。

中野　今、日本の男女間賃金格差は非常に大きいですよね。二〇〇九年度の「働く女性の実情」（厚生労働省）では、正社員だけを比較して、男性を一〇〇としたら女性は約七〇ポイントに到達しているなどと、数字を膨らませて述べています。でも、雇用形態の違うパートタイムなども含めトータルでみると、ものすごく差がありますよね。男性が一〇〇として、女性は五〇ポイントくらいというデータもあるくらいです。

そして、日本の男女の賃金格差がなかなか縮まらないというのは、国際的にも共通の認識だと思います。それをどのように縮めていったらいいのか、真剣に考えないといけない段階に来ています。どこにその打ち破らなければならない壁があるのか。それは、仕事の違いとか、雇用形態の違いとか、いろんな"違い"というのを持ってこられて、「だから差別ではない」とかき消されてしまう、見えなくさせられるということに制度上の問題があるのではないかと考えるわけです。また、そうした壁が突破できたとして、どのように賃金是正を行うのか。そのための制度的保障もまだまだです。どうにかして、差別を可視化して賃金是正ができるような仕組みを新しくつくらないと、女性の賃金が低下の一途をたどるという傾向は変わりません。

自分たちにできることは何かと考えて、ILOに申し立てた

中野　賃金格差を縮めるためには何が必要なのか。連合のようなナショナルセンターには、ナショナルセンターとしての果たすべき役割があると思います。それはそれでやっていただくとして、自分たちでもできることをやっていこうとなったとき、賃金差別への異議を

となえた当事者が、勝った判決も、負けた判決も自分だけのものにしないで、普遍化していく、ということができるのではないかと考えたのです。負けた部分については、訴訟という手段では、最高裁が確定させているわけですから難しいけれども、やはりそれを是正させていくことに関しては、あらゆる手段を行使していくことが必要だと思うわけです。だから、ILOへの条約違反の申し立てができるのであれば、それは自分たちでできることではないのか。

国連の「女性差別の撤廃に基づく選択議定書」の採択と、それに基づく女性差別撤廃委員会（CEDAW）への訴えなど、女性たちはいろいろな努力していますが、労働の分野では、ILOへの申し立てというのは、現状で可能な、そして有効な方法であると考えられます。ILOからは再三にわたって、日本において男女の賃金格差が是正できない理由について、いろんな情報提供――われわれも情報提供していますけれど――に基づいて、日本政府に対するレポートや勧告が出されています（資料3参照）。それと連動して、個別のケースについて、司法判断や監督行政のあり方について条約に適合するよう求めていくことは、国際社会の一員として人権のための不断の取り組みを行うひとつの試みとして、意義があると思います。

日本政府の見解とそれへの反論

――日本政府の見解が出されたということですが、どういう内容ですか。

中野　条約違反は一切していないと述べています（資料4参照）。

――具体的には？

中野　ひとつは、司法判断において、異なる仕事の間の賃金格差問題でも性差別を認めていますよ、という主張。その根拠として、女性たちが裁判で勝ち取ってきた判決が列挙されています。ILOは、こういう判決が何件か出てきているわけだから、日本は条約には違反していないと言っている。

2つめに、日本の賃金システムは、ジョブに対して支払われるものではなくて、長期雇用を前提とした人事ローテーション、つまり、将来的な期待度を含めたキャリア開発を行うなかで決めているので、職務評価が非常になじみにくいのだと言っています。ある時期の仕事への職務評価結果で、輪切りにして何かを判断するというのは適切ではない。将来、どういうキャリアを形成していくかという期待を含めて、今の賃金があるのだから、そこに職務評価の手法を持ち込むことはできない、というようなことを言っています。

――日本の雇用慣行が、一人の人を特定の職務に就かせるのではなくて、人事ローテーションでジェネラリストを育てるといったものになっているために、賃金もジョブに対するものになっていない、というのは、それなりに説得力があるような気がしますが。

中野　ジョブに対する賃金じゃないと言うんだったら、それはそれでいいんですよ。でも、今、問題になっているのは、「仕事の違いがあるから性差別ではない」というふうに言われていること。これについては、それでは説明がつかないでしょ？

――そうですね。

中野　「仕事が違うから」と言われたときに、じゃあ、それをどういうふうに考えるのか

いうと、やはり、職務評価をする以外にないんです。それが、性中立的な判断、ものさしに照らして性差別がないって言えるんですか？と問わないとしょうがない。

「日本の賃金はジョブだけで決まっているんじゃない」って言うけれど、でも、けっこう仕事でも決めているんですよ。職能資格等級制度なんか、そうでしょ。業績評価もそう。仕事に対してどれだけの業績を上げたかをはかるわけですから。今の賃金制度は、かなり職務評価になじむようになってきているんです。だから、政府の言い分は、ごまかしなんですよ。

3つめとして政府が言っているのは、「100号条約は、職務評価制度が格差是正の助力となる場合はこれを促進する、と言っているにすぎないから、これを導入する義務はない」ということです。

4つめは、申立組合の要望である「賃金格差の全額を是正し、将来の不平等を是正するためにも適切な措置を講じるべき」に対し、労基法4条違反があるときは、賃金差に等しい額を支払うよう行政指導がされているし、コース別雇用管理についてもガイドラインを

定めて、均等法違反の場合は、労働局による紛争解決の支援、紛争調整委員会による調停などによって、指導、是正がはかられている。パート法でもパート差別を禁止するなど、改善のために必要な措置を講じている、と答えています。だから、100号条約違反にはあたらないんだと。

――なるほど。次は、こちらがこの日本政府の見解に反論するわけですね。この4点について の反論を、聞かせていただけますか。

司法判断と行政監督は条約の水準を満たしていない

中野 政府はILO条約に違反していないと主張しています。確かに司法判断は、職務の違いにもかかわらず、労働の困難性・専門性など質的評価を行いながら、労基法4条を適用していますが、あらゆるケースについて性中立的職務評価基準にしたがった職務評価基準を採用しているわけではないし、①募集・採用区分が異なる男女間の賃金格差について、勤続年数を違法性判断の要件としていること、②賃金格差が著しい場合の要件としていること、③賃金格差の一部

しか是正を命じておらず、完全救済が実現できないこと、④職務の価値評価をするにしても、基準が裁判官の「直感」によりバイアスに影響されてしまうことなど、問題は多いです。

また、行政監督の実情はさらに深刻で、職種および担当職務の違いのみをもって、何らの職務評価を介することなく労基法4条違反ではないと判断しているから、条約違反は明白というべきです。

条約に基づく構成国の義務を果たしていない

中野 政府が条約違反はないと主張する内容の2番めは、ILO条約に定める義務は、同一報酬原則の適用を促進する義務、あるいは確保する義務にすぎない、というもの。しかしこれも、条約に定められた義務であることに変わりありません。

民間部門においても、政府は、賃金格差が「仕事の違い」から生じていると説明される場合には、性中立的で客観的な職務評価の基準に基づいて職務分析・職務評価を実施し、その結果、賃金格差と職務評価との間にア

バランスがあるときには、性差別賃金であると認定して是正をする義務があるはずです。しかし、政府は、そのような手法を取っていません。

政府は、実質的かつ総合的な観点から労基法4条に違反するかどうかを判断していると述べ、日本の賃金決定システムのなかに性差別をもたらす構造的な要因についてまったく認識していないかのようです。女性労働の実態は、政府の見解とは逆に、勤続期間が長期になればなるほど男女間賃金格差が拡大する傾向が顕著です。

また、申立組合が訴えているケースは、いずれも勤続年数が長期にわたっているのに、きわめて大きな賃金格差に悩まされてきた女性が多数に及ぶことを示しています。

問題は、間接差別（図表3参照）となる基準も含めて、差別的で性中立性を欠いた基準が取り除かれていないことであり、キャリアを積んだ女性が告発している性差別について、何ら効果的な賃金是正措置が講じられていないことです。

コース別雇用管理は女性を差別的に排除する装置

中野 CEDAWからも再三にわたって廃止が勧告されているコース別雇用管理については、ガイドラインを定めて差別のないようにしているというのが政府の見解です。雇用管理区分基準それ自体が、女性を差別的に排除する装置であることについて、政府はまったく認識がないかのようです。

多くの「コース区分基準」は、①仕事が基幹業務か補助業務か、②将来にわたる期待（長期勤務と幹部社員となることへの期待）、③転勤の範囲、を基本的な要素としています。

①は、このような仕事区分自体が性役割を前

男女間賃金格差の原因と解消の課題

中野 政府は、女性の勤続年数が長くなれば職階が上がり、男女間の賃金格差が解消すると回答していますが、基準を持たず、偏見に影響されやすい直感によらざるを得ないので、義務を尽くしたものとはいえません。まして、「確保すべき義務」を負っている公共部門においても、性中立的な職務評価基準に基づく平等賃金を確保しているとはいえないのです。

図表3　間接差別とは

- 表面上は性とは無関係に見えるが、実際には、男女の一方に不利益を与える規定や雇用慣行で、仕事と関連性がなく、合理性・正当性もないものをいう。
- 改正男女雇用機会均等法（2007年4月施行）には、間接差別の禁止が明記され、省令に盛り込まれたのは、次の3つの事例である（施行規則2条）。
  ① 労働者の募集または採用にあたって、労働者の身長、体重または体力を要件とすること
  ② コース別雇用管理における「総合職」の労働者の募集または採用にあたって、転居を伴う転勤に応じることができることを要件とすること
  ③ 労働者の昇進にあたり、転勤の経験があることを要件とすること
- 「この3つ以外は問題なしと解釈される恐れがある」との批判に配慮し、「間接差別は省令の規定以外にも存在しうる」として、司法判断で、規定以外の差別も違法となることがあることを周知する付帯決議をつけた。
- ILOは、日本政府に対し、「あらゆる形態の間接差別に対して、条約に即した措置を講じるべきである」としている（ILO条約勧告適用専門家委員会報告、2008年3月）。

提にした差別的なもので、同じ仕事に従事していても男女によって分離を生じさせます。②の基準についても、一般的に勤続年数の短い女性については幹部候補として期待しないという差別を容認するものです。また、③についても現状の性役割にふれて男女に分離をきたす「間接性差別」となる基準でもあります。このような基準は、使用者がその合理性の立証を尽くさないのであれば、差別として撤廃することが求められるべきです。

コース別雇用管理に関する指針は、今述べたような問題指摘を踏まえるべきですが、そうしていその水準を満たしているとはいえません。この指針は、格差を解消できない諸悪の根源を容認するようなものです。客観的で合理的な判断は、ジェンダー平等をベースにした公正な職務評価によってなされるべきです。

政府は、その基準自体が性差別となる可能性のある雇用管理区分について、労基法4条によって賃金是正を行うこと、つまり、労働基準監督署に対し、外形的な職務や権限の違いがあっても、性中立的かつ客観的職務評価によって差別であることを認定し、賃金是正を行う権限があることを、法令上明らかにすべきです。

性別役割に規定された非正規労働者の待遇

中野 また、政府は、「非正規労働者の待遇については、多様な就業状態によるとし、非正規労働者の待遇問題は、条約適用にかかわる問題で一はないと認識している」と言っています。しかし、日本の非正規雇用は、性役割に規定された、「家計補助的」で「仕事と生活の両立」をニーズとする女性を、主たる生計維持者であって包括無定量な労働に従事することができる男性をモデルに形成されてきた「日本型雇用慣行」に基づく賃金等処遇体系から排除したという性質があります。したがって、「正規」と「非正規」を区分する雇用形態の違いそのものが、日本においては性差別を推定させるに充分な社会的背景があるのです。

そのうえ、非正規労働者の賃金水準は、「自立して生計の基盤を担うものではない」という理由から、その人の職務がいかに専門的な技能・経験を要求され、あるいは処理するのに心身ともに困難を強いられるものであって

も、男性労働者と比較すれば2分の1にも満たない低い水準に抑制されています。

政府は、非正規雇用についても賃金格差を解消する努力を払っていると主張していますが、このような格差を縮小できない制度にはこのような重大な問題があります。

パート労働法・有期雇用法制・派遣法改正法案も差別の禁止にはほど遠い

中野 パート労働法は、確かにパート差別を禁止する条項を盛り込んでいますが、対象となる労働者の範囲は、①職務内容や責任の同一性、②転勤の有無およびその範囲などの人材活用が同一であること、③期間の定めなく雇用されていること、の3要件を充足しなければならないから、ほとんどのパートタイム労働者は差別禁止の対象から除外されてしまっています。

また、パート労働法は、これらの要件を充足しない場合であっても均衡処遇を義務づけていますが、措置義務ないし努力義務にとどまっていることや、「均衡」というきわめて曖昧な概念によるものでしかないために、企業の裁量がものをいって実効性がありませ

ん。政府は、職務分析・職務評価のためのガイドラインを策定して、職務内容や責任の同一性を判断し、また均衡処遇を実施するための判断のものさしを提供しようとしていますが、その評価のものさし自体、直感による判断を許容するもので、偏見による影響は免れません。

また、パート基準は、間接性差別となる基準でもあります。パートであることを理由とした差別の禁止は、職務が「同一」である場合に限らず、異なる職務であっても同一価値の労働に従事する場合は対象とすべきですが、ガイドラインではまったく考慮されていません。

さらに「有期雇用に関する研究会報告」では、有期契約労働者と正社員との均等待遇保障については、まったくといってよいほど言及されていません。派遣労働者についても、派遣労働者であることを理由とする差別的な取り扱いを禁止すべきですし、ILO181号条約（＊）が求める差別禁止を徹底させるべきですが、労働者派遣法改正法案では、差別の禁止にはほど遠く、均衡処遇の努力義務を規定しているにすぎません。

（＊）「民間職業仲介事業所に関する条約」。日本は、1999年7月批准。民営の職業仲介事業所や労働者派遣事業などの運営の枠組みや、それを利用する労働者の保護などを規定している。労働者保護策として、団結権・団体交渉権の確保、機会均等・均等待遇、労働者の個人データの保護などが定められている。

職務評価制度を普及するには
職務評価に関するガイドライン＝運用基準の確立を

——これまでお話をうかがっていて、日本において、職務評価制度を取り入れて賃金格差を是正していくには、法律を変えないと。運用のしかたを変えるだけでは限界があるような気がするのですが。

中野 まあ、そうですね。労基法4条を変えようという考え方もあるかもしれないけれど、今、労基法4条を変えようと言うと、4条をなくそうってことになりかねない。均等法に入れ込めばいいじゃないかってことで、刑罰を科している法体系のなかから差別禁止条項をなくすことになりかねません。だからまずは、運用基準というかきちんとした職務評価のシステムを構築して、仕事の違いのなかに差別があるかどうかをチェックできるようにすることだと思います。

いきなり法改正というのではなく、そういうきめ細かな運用基準の確立が必要です。専門家の部会をつくって、ガイドラインをつくればいいと思います。コース別雇用管理なんかはガイドラインをつくってやっているわけでしょう。職務評価に関するガイドラインをつくって、労働基準監督署の指導などをそれに基づいてやっていく。「仕事の違いだ」と言われたら、性中立的な職務評価に基づいて、それが合理的に説明できるのかということをフィルターにかけるようにする、というのが第一歩ですよね。今は、それさえありません。「仕事が違うから」って言われれば「残念でした。性差別じゃない」とされる。だから、誰もが、賃金差別に関しては労働基準監督署を利用しないですよね。

政府はILOへの申し立てに対する見解のなかで、司法判断のことは言っているけれど、厚生労働省の直轄の労働基準監督署が何を

っているのかということには一切触れていない。「労働監督も総合的に判断してやっています」などと、抽象的に言っているだけです。

——今後、ILOへの申し立てをバネにして、職務評価制度の確立、普及をすることで賃金格差をなくしていくことを目指していると思いますが、どういうふうに普及していけばいいのでしょう。たとえば、職務評価表を企業ごとにつくるというのであれば、中小企業なんかでは、大変な労力がかかりますよね。

中野 職務ごとに評価要素や評価基準を決めていかなくてはいけないから、大変な作業だと思ってしまいます。ILOへの申立である兼松事件や京ガス事件の裁判では、本格的な職務評価をしたのですが、膨大なエネルギーを割いています。力のある労働組合じゃないとできないんですね。だから、やはり職務評価制度を普遍化するには、簡便なシステムにしないといけない。その開発が、第一だろうと思います。

——会社が自ら進んでやるでしょうか。やは

り、労使が実施していくことになるんでしょうか。

中野 これは、労使で合意に達しないと無理ですよね、賃金是正をはかっていくわけだから。職務評価のシステムを労使でつくっていくわけですが、そこはまず、連合など労働組合のナショナルセンターの課題なんじゃないかと思いますよ。

——一方、政府のほうは、それを促進するとともに、労働基準監督署などで、職務評価制度に基づいて指導する体制を整備していくということですね。

中野 そうですね。今後、パートの賃金是正などが問題になりますから、労働基準監督署や各都道府県の労働局に、職務評価ができるような賃金の専門家というか、仕事を見る専門家が必要になりますね。バイアスがかからない目線に立って、きちんとした職務評価ができる専門家が働くことだと思います。

——それと、やはり政府が職務評価表のモデルケースみたいなものをつくらないと、個々の企業で労使がつくるっていうのも大変なのでは？

中野 たしかに、職務評価をするのは面倒く

さいし、エネルギーを使うから、何らかの改革につながるという確信がないと難しいでしょうね。

政府がやるべきことについては２つの側面があって、ひとつは、職務評価を促進させるというのは、まさにILO100号条約に明記されていて、政府には民間企業において職務評価の促進を手助けする義務があるわけですよ。それをきちんと実行していかなくてはいけない。それともうひとつは、具体的に賃金差別の訴えがあったとき、どう是正するか、労基法４条をどう起動させるかというもの。やはり、専門委員会を設置することがまず大事ですね。政府のなかにも、各労働局や雇用均等室にも必要ですね。

簡便な職務評価システムの開発と職務評価ができる専門家の養成が必要

働き方や人事管理のあり方も変わってくる

——職務評価制度が広く導入されると、賃金だけでなく、いろんな変化が起こるのではないでしょうか。

中野 そうですね、働き方や人事管理のあり

方なども変わってくると思います。

ひとつは、予定されているジョブに対して、どのような知識・経験・技能が必要かクリアになります。そうすると企業も、そういうジョブに対応できる人を採用するのに必要な条件を客観化できるようになります。そうした条件の客観化は、選別に際して直感を排除するのに役立ち、差別のない採用や登用を可能にします。つまり、採用のとき、どういうジョブが予定されていて、そのジョブを遂行するにあたってどんな技能の持ち主が必要なのかという視点で人を判断し、その人の持っている力を判断していく、そうした合理的な採用や登用のプロセスをシステム化する基盤となります。

募集・採用、配置・昇進など、あらゆる雇用のステージにおいて、性別、人種、国籍、信条、障がい、年齢などあらゆる差別をなくすことが、今日、最重要課題となっています。この要請は、職場における差別や暴力の禁止とともに、あらゆる社会的差別につながるような情報を排除する（プライバシー保護）仕組みによって担保されますが、性中立的職務評価の手法の普及は、企業にその仕組みを定着させる上で不可欠なものとも考えられます。

■ 仕事のシェアがやりやすくなる

中野 2つめは、客観的な職務評価の実施は、仕事のシェアを可能にします。これまでは「頑張り」「忠誠」「協調性」といった主観的な要素に基づく人事に流れがちでした。すると、よい評価を得るためには仕事を抱え込まなければならない、したがって長時間労働の常態化につながる、というように連鎖していたと思うんです。でも、仕事をどれだけ抱え込んで頑張ったかというものさしでは、仕事をするために必要な力を育てることはできないし、人と仕事を分かち合うときに必要な力は何か、またそれを備えている人は誰かを把握することはできません。

職務評価が行われるようになると、仕事を抱え込むより、自らの仕事を客観化して、みんなの力で仕事を処理する力も問われるでしょう。そうした点で、差別的な要素を排した客観的な職務評価は、ワークシェアリングの条件でもあるわけです。それは、労働時間短縮などにも役に立っていくだろうと思います。

■ 差別が一掃されると、
人は誇りを持って働くようになる

中野 3つめには、正規・非正規の間の不合理な格差を埋めていく上でも役に立つのではないかと思います。労働時間が短いからとかいうのか、期間の定めを受けているからとかいうもののさしは、正規雇用と非正規雇用を区別する要素でもあるわけですが、これらによる賃金など待遇を決める仕組みには根強いものがあって、なかなか非正規労働者の低賃金構造は

改善されないまま推移してきました。

しかし、「短時間労働」であるとか「勤務継続」ないし「有期雇用」というものさしは、一家の生計維持者として長期の勤務を期待される男性中心の基準といってもよいものです。それは、間接性差別となる基準ともいえるものです。その人が従事している客観的な職務の価値を差別のない客観的な基準に基づいて評価することを徹底すれば、そのような差別的基準によることが、本当に公正で一人ひとりが報われていると実感できる賃金とはほど遠いものであることを知ることができるでしょう。

そして、正規雇用と不可分なものとして認識されている「人事ローテーション」によるキャリア形成と「将来の期待」といった要素についても、予定される職務を遂行するのに必要な経験・知識・技能といった要素に置き換えられていくでしょう。そうしたことを通じて、非正規雇用の低賃金を改善することに道を開くことができるのではないかと思います。

不合理な部分・差別が一掃されていくと、人は誇りを持って働くようになるから、それだけ生産効率が上がるということにもなります。

そういうふうに見ていくと、職務評価することでもたらされるプラスの循環は、使用者にとっても労働者にとっても、win-winの関係になります。さらに、貧困労働を撲滅するということにもなるでしょう。

雇用をめぐる課題の解決の近道

中野 今の雇用をめぐる課題の解決方法のなかでも、職務評価制度の確立は、遠まわりのように見えて、実は近道だということがわかります。緊急雇用対策も一時的には必要かもしれませんが、それを打っても打っても構造的な問題を解決することにはつながらない(笑)。そういう感じがするんですよね。最貧困層に財政を投入することも大事だけれども、働いて生活する多数の人（失業中の人たちも含めて）の賃金や働き方を、雇用の構造にメスを入れてより人間的に変えることで利益をもたらす改革が重要です。そうした改革に、ジェンダーの視点をメインストリームにすること、これが雇用政策の中心に据えられるべきです。

―― なるほど。それが実現すれば、すべての働く人が希望の持てる社会になりますね。

中野 性中立的な職務評価制度を確立するということは、これまでの日本型雇用慣行に対するアンチなんです。根底からひっくり返すわけだから、相当大変なことで、抵抗も大きいでしょう。

しかし取り組んでみるとわかるんですよ、それが切り開くものがどんなに大きいかということが。ですから、ぜひ、できるところから取り組んでほしいと思います。そのきっかけに、このILOへの申し立てがなってくれればうれしいです。

（まとめ／杉村和美）

プロフィール

中野麻美（なかの・まみ）
弁護士。1975年北海道大学法学部卒業。1979年弁護士登録（東京弁護士会）。NPO派遣労働ネットワーク理事長。日本労働弁護団常任幹事。主な著書に、『労働ダンピング──雇用の多様化の果てに』（岩波新書）、『ハラスメント対策全書』（編著、エイデル研究所）がある。

資料1　同一価値の労働についての男女労働者に対する同一報酬に関する条約（第100号）

（日本は1967年8月24日批准）

国際労働機関の総会は、理事会によりジュネーブに招集されて、1951年6月6日にその第34回会期として会合し、この会期の議事日程の第7議題である同一価値の労働についての男女労働者に対する同一報酬の原則に関する提案の採択を決定し、この提案が国際条約の形式をとるべきであることを決定したので、次の条約（引用に際しては、1951年の同一報酬条約と称することができる）を1951年6月29日に採択する。

第1条
この条約の適用上、
(a) 「報酬」とは、通常の、基本の又は最低の賃金又は給料及び使用者が労働者に対してその雇用を理由として現金又は現物により直接又は間接に支払うすべての追加的給与をいう。
(b) 「同一価値の労働についての男女労働者に対する同一報酬」とは、性別による差別なしに定められる報酬率をいう。

第2条
1　各加盟国は、報酬率を決定するため行なわれている方法に適した手段によって、同一価値の労働についての男女労働者に対する同一報酬の原則のすべての労働者への適用を促進し、及び前記の方法と両立する限り確保しなければならない。
2　この原則は、次のいずれによっても適用することができる。
(a) 国内法令
(b) 法令によって設けられ又は認められた賃金決定制度
(c) 使用者と労働者との間の労働協約
(d) これらの各種の手段の組合せ

第3条
1　行なうべき労働を基礎とする職務の客観的な評価を促進する措置がこの条約の規定の実施に役だつ場合には、その措置を執るものとする。
2　この評価のために採用する方法は、報酬率の決定について責任を負う機関又は、報酬率が労働協約によって決定される場合には、その当事者が決定することができる。
3　行なうべき労働における前記の客観的な評価から生ずる差異に性別と関係なく対応する報酬率の差異は、同一価値の労働についての男女労働者に対する同一報酬の原則に反するものと認めてはならない。

第4条
各加盟国は、この条約の規定を実施するため、関係のある使用者団体及び労働者団体と適宜協力するものとする。

第5条
この条約の正式の批准は、登録のため国際労働事務局長に通知しなければならない。

第6条
1　この条約は、国際労働機関の加盟国でその批准が事務局長により登録されたもののみを拘束する。
2　この条約は、2加盟国の批准が事務局長により登録された日の後12箇月で効力を生ずる。
3　その後は、この条約は、いずれの加盟国についても、その批准が登録された日の後12箇月で効力を生ずる。

第7条
1　国際労働機関憲章第35条2の規定に従って国際労働事務局長に通知する宣言は、次の事項を示さなければならない。
(a) 当該加盟国がこの条約の規定を変更を加えずに適用することを約束する地域
(b) 当該加盟国がこの条約の規定を変更を加えて適用することを約束する地域及びその変更の細目
(c) この条約を適用することができない地域及びその適用することができない理由
(d) 当該加盟国がさらに事情を検討する間決定を留保する地域
2　1(a)及び(b)に掲げる約束は、批准の不可分の一部とみなされ、かつ、批准と同一の効力を有する。
3　いずれの加盟国も、1(b)、(c)又は(d)の規定に基づきその最初の宣言において行なった留保の全部又は一部をその後の宣言によっていつでも取り消すことができる。
4　いずれの加盟国も、第9条の規定に従ってこの条約を廃棄することができる期間中はいつでも、前の宣言の条項を他の点について変更し、かつ、指定する地域に関する現況を述べる宣言を事務局長に通知することができる。

第8条
1　国際労働機関憲章第35条4又は5の規定に従って国際労働事務局長に通知する宣言は、当該地域内でこの条約の規定を変更を加えることなく適用するか又は変更を加えて適用するかを示さなければならない。その宣言は、この条約の規定を変更を加えて適用することを示している場合には、その変更の細目を示さなければならない。
2　関係のある1若しくは2以上の加盟国又は国際機関は、前の宣言において示した変更を適用する権利の全部又は一部をその後の宣言によっていつでも放棄することができる。
3　関係のある1若しくは2以上の加盟国又は国際機関は、第9条の規定に従ってこの条約を廃棄することができる期間中はいつでも、前の宣言の条項を他の点について変更し、かつ、この条約の適用についての現況を述べる宣言を事務局長に通知することができる。

第9条
1　この条約を批准した加盟国は、この条約が最初に効力を生じた日から10年の期間の満了の後は、登録のため国際労働事務局長に通知する文書によってこの条約を廃棄することができる。その廃棄は、それが登録された日の後1年間は効力を生じない。
2　この条約を批准した加盟国で、1に掲げる10年の期間の満了の後1年以内にこの条に定める廃棄の権利を行使しないものは、さらに十年間拘束を受けるものとし、その後は、この条に定める条件に基づいて、10年の期間が満了するごとにこの条約を廃棄することができる。

第10条
1　国際労働事務局長は、国際労働機関の加盟国から通知を受けたすべての批准、宣言及び廃棄の登録をすべての加盟国に通告しなければならない。
2　事務局長は、通知を受けた2番目の批准の登録を国際労働機関の加盟国に通告する際に、この条約が効力を生ずる日について加盟国の注意を喚起しなければならない。

第11条
国際労働事務局長は、前諸条の規定に従って登録されたすべての批准、宣言及び廃棄の完全な明細を国際連合憲章第102条の規定による登録のため国際連合事務総長に通知しなければならない。

第12条
国際労働機関の理事会は、必要と認めるときは、この条約の運用に関する報告を総会に提出しなければならず、また、この条約の全部又は一部の改正に関する問題を総会の議事日程に加えることの可否を検討しなければならない。

第13条
1　総会がこの条約の全部又は一部を改正する条約を新たに採択する場合には、その改正条約に別段の規定がない限り、
(a) 加盟国による改正条約の批准は、改正条約の効力発生を条件として第9条の規定にかかわらず、当然この条約の即時の廃棄を伴う。
(b) 加盟国によるこの条約の批准のための開放は、改正条約が効力を生ずる日に終了する。
2　この条約は、この条約を批准した加盟国で改正条約を批准していないものについては、いかなる場合にも、その現在の形式及び内容で引き続き効力を有する。

第14条
この条約の英語及びフランス語による本文は、ひとしく正文とする。

（出所：ILO駐日事務所ホームページ）

資料2　100号条約違反申立書

ILO（国際労働機関）事務局
事務総長　ホワン・ソマヴィア　殿

ILO憲章24条に基づく日本の男女賃金差別に関する
100号条約（男女同一価値労働同一報酬条約）違反申立

2009年7月29日
申立人　ユニオン・ペイ・エクイティ
　　　　商社ウィメンズユニオン
　　　　全石油昭和シェル労働組合

Ⅰ　申立の趣旨

日本においては、労働基準法4条が罰則を付して性差別賃金を禁止しており、いっぽう、1967年にILO100号条約を批准して国内的効力を生じるに至った。しかるに、監督行政も司法も、異なる担当職務や職種の間の男女間賃金格差には労働基準法4条を適用しないとする法の運用や判断を行ってきた。この傾向は、特に1985年の男女雇用機会均等法制定後強まっている。均等法は、同一の雇用管理区分（職種・就業形態・契約形態・キャリア開発など活用区分）にある男女間の格差のみを性差別とし、同様の運用は労働基準法4条にも及んでいる。

今年に入って最高裁は、職能資格等級制度による男女間賃金格差の違法性が問われた事件で、和文タイプ業務に従事してきた女性と国際テレックス業務に従事してきた男性との賃金格差について、ILO100号条約が求めている性中立的客観的職務評価のプロセスを経ることなく、違法性を否定した判決を容認する決定をなした。また、東京高裁では、男女別コース制の採用によって男女の賃金格差が生じているケースにおいても、「秘書業務」を担当していた当事者について職務評価のプロセスを経ることなく性差別であることを否定する判断がなされている。さらに、東京地裁でも、職能資格等級制度による賃金格差は労働基準法4条に違反して違法だとしておきながら、差別による賃金差額は認められずと是正を否定した。

男女間の賃金格差が「担当職務」や「職種」に基づいて設定されている雇用管理区分の違いによると説明される場合であっても、性中立的な職務評価基準の適用なしに労働基準法4条に違反しないと判断することは、ILO100号条約に違反すると考える。また、労基法4条に違反するとしながら、是正を命じないことについても、同様と考えられる。日本政府は、このような法の運用を改善しなければならない。

Ⅱ　申立をなす労働組合について
1）ユニオン・ペイ・エクイティ（UPE）

UPEは、日本政府が1967年に批准したILO100号条約に則って同一価値労働同一賃金原則を行使し、職務評価制度を実現するためにペイ・エクイティ運動を推進すること、並びに女性労働者の労働条件を維持改善し、経済的社会的地位の向上を図るとともに、性差別撤廃の実現をめざし、女性の労働権を確立することを目的に活動する労働組合である。

UPEは、目的を達成するため、1．女性差別撤廃条約の選択議定書の批准に向けての運動に関すること。2．組合員の労働条件・生活条件の維持向上に関すること。3．組合員の福祉の増進と女性の地位向上に関すること。4．同様の目的を持つ団体・女性たちとの連携、協力に関すること。5．その他、目的達成に必要なこと等の事業を行う。

日本政府が条約批准後、条約勧告適用専門家委員会からの再三の個別意見に従うことなく、半世紀にわたってILO100号条約違反を続けてきたために男女賃金差別はほとんど改善されていない。さらに90年代以降、女性の非正規労働者の増大により貧困は拡大している。UPEは、日本政府が条約の趣旨に基づき速やかに政策を立て履行することを要求していく。

2）商社ウィメンズユニオン

商社ウィメンズユニオンは商社に働く女性およびかつて商社に働いていた女性労働者を中心として構成され、商社に働く労働者の待遇の改善、とりわけ性差別の撤廃を目的に組織された個人加盟の労働組合である。

商社に働く女性たちは企業内の労働組合を通じて、女性差別賃金の是正を目指してきたが、1986年度に男女雇用機会均等法が施行されてから、ほとんどの商社においてコース別制度が導入され、従来の男女別年功序列賃金がコース別という名のもとに、職掌の違いと言い替えられ、従来の女性差別を温存したままの賃金制度が導入された。このような差別を隠蔽するコース別制度を許せないとして、兼松の女性6名、岡谷鋼機の女性2名、岩谷産業の女性1名がそれぞれ提訴した。岩谷産業は1999年11月勝利和解解決。

商社における女性差別に断固抗議し、兼松の女性差別賃金裁判と岡谷の女性差別賃金裁判を支援し、仕事と生活の場に男女平等の実現と女性たちの人権を確立するため、2005年3月5日商社ウィメンズユニオンを結成。岡谷鋼機は2006年3月高裁で勝利和解解決。その後は兼松の女性差別賃金裁判（現在最高裁に係争中）支援を中心として、兼松の本社前や最高裁前でビラ配り等の活動を行っている。

2006年3月20日に兼松に働く女性が商社ウィメンズユニオンに加入し兼松分会を結成したことを兼松㈱に通知し、兼松㈱と団体交渉を行った。現在ユニオン執行委員に兼松裁判の原告4名が就任しており、女性差別賃金について兼松㈱と団体交渉を続けている。

2007年5月にはILOに対して、兼松裁判（地裁判決）の報

告書を提出した。

3）全石油昭和シェル労働組合

多国籍企業のロイヤルダッチシェルの日本法人であるシェル石油㈱において1950年6月結成。1985年企業合併により昭和シェル石油となる。1972年以降2度の組合分裂攻撃をうけ少数組合となるも、労働者の権利、とりわけ女性の働く権利の確立と、労働条件の大幅改善に向け運動を行ない、1981年から男女共通の育児時間の実現にむけストライキで闘う。

1994年には別組合員の退職者野崎光枝さんの男女差別裁判を支援。2001年3月に野崎事件でILOにレポートを提出。

2004年12月野崎裁判の東京地裁判決を受け、12人の現役女性組合員が女性差別の是正を求めて提訴。2009年6月29日東京地裁にて判決がでる。判決は会社の労基法4条違反を認めながら、資格・賃金是正は放棄し、慰謝料等を認めたのみであった。全社員の賃金データが提出されているにもかかわらず、賃金是正を行なわない判決では日本の男女賃金格差は縮小しない。原告らは控訴した。

Ⅲ 問題を顕在化させた司法判断

1） 和文タイプとテレックス業務の労働の価値の同一性判断（昭和シェル石油野崎事件）

職能資格等級制度に基づく賃金格差の性差別性が問題になった昭和シェル石油賃金差別（野崎）事件の東京高裁判決は、最高裁が上告を棄却することによって確定した（2009年1月22日）。この高裁判決は、和文タイプ（英文も含め）は習熟するのに一定の期間と努力を要するが、習得後は、職務の遂行上、集中力、注意力の維持は必要だが、困難性は高くないとし、同期者のうち管理職の職務に従事しなかった男性の職務（テレックス）と同価値の仕事をしていたものと認めることはできないと判断し、賃金格差の性差別性を否定する一つの要素とした。

判決では、和文タイプ業務を「補助的・定型的業務」としているが、高度の専門知識と経験を要するもので、ほとんど例外なく女性であった。加えて判決は、当時の昭和石油に勤務する女性は「補助的・定型的業務」に従事することがほとんどであったと認定して、これを85年以前の賃金格差についての違法性を否定する根拠としている。このように、職務の同一性を判断する論理的な根拠も客観的な基準も示さないまま、従来女性が担ってきた職務を、男性が担当していた類似職務と区別して、「補助的・定型的業務」と価値評価を低くしてしまうこと、このような差別的評価を許容する法制度は、ILO100号条約に違反することは明白であると考える。

2） 性中立的職務評価のプロセスを経ないで男女別コース制による賃金格差の性差別性を否定したケース

東京高等裁判所は、兼松男女別コース賃金差別事件において、男女の担当していた仕事の価値を同等と評価し、コースに基づく賃金格差を労働基準法4条に違反する性差別賃金であると判断するに至った。しかし、日本においては、性中立的な職務の価値評価を実施する基準・物差しが確立されておらず、賃金格差が性差別であるという認定にあたっても、裁判所は、何の前提もなく、一般的に女性は「補助的・定型的業務」に従事していたと認定して賃金格差を合法的であると評価してしまう。そのため兼松事件においても85年以前の男女間賃金格差については、女性の担当職務を職務評価のプロセスを経ないで「補助定型業務」と判断して労働基準法4条違反を否定している。また、86年以降の賃金格差についても、6名の原告のうちの2名について、賃金格差の性差別性を否定した。請求が認められなかった原告の一人は、「秘書業務」に従事していたこと、派遣社員や新人に仕事を引き継いだ経験があったことを理由に差別性を否定している。

そもそもコース別雇用管理において、職務を「基幹的判断業務」「補助的定型的業務」に二分して処遇格差をもうける制度は、男女で職務を分類することに直結するという意味において、また、職務分類を「補助するもの」と「補助されるもの」という性役割を反映させた物差しと同じであるという意味において、差別である。

3） 性差別賃金であるのに賃金格差の回復を命じなかったケース

裁判所は、仮に賃金格差が性差別によることを認めたとしても、賃金差額の一部しか回復させなかったり、全く認めなかったりしている。京ガス事件については、原告女性の担当職務の価値評価が男性の別職務の評価をはるかに上回ることを裁判所が認定したのに、女性の賃金をその男性の85％であると判断した。雇用管理区分の違いが賃金格差の根拠となっていることが問題になった丸子警報器事件では、正社員と同じ仕事をしているのに女性パート社員たちの賃金は正社員の80％しか認められなかった。また、兼松の男女別コース賃金の違法性が問われた訴訟では、雇用管理区分は異なるが職務の同等性が認められた女性の賃金にしても男性の70％分であると評価された。そして、昭和シェルに働く女性が野崎事件東京地裁勝訴を受けて提訴した集団訴訟において、2009年6月29日東京地裁は賃金格差は性差別であることを認めたものの、賃金差額分の回復は認めなかった。

裁判所が上記のように判断する根拠は、使用者の賃金決定には裁量権が認められるという考え方であるが、たとえ裁量権があっても、その裁量の行使に差別があれば違法と判断されるべきである。これでは能力・成果主義化がすすむところで賃金差別を是正することは全く不可能である。しかも裁判所は、資格の明確な格差と平均本給額の著しい格差があることを認めながら、使用者の裁量権ゆえに差別分の権利回復を認めないというのであるから、その不当性は甚だしい。そもそも、裁判所は、著しい格差（昭和シェル野崎事件東京地裁判決）ないし相当程度の格差（兼松事件東京高裁判決）を前提に性差別賃金を推定する立場をとっていること自体にも問題がある。これらの問題の大本にあるのは、賃金格差の違法性をはかる職務評価の基準が制度的に確立されていないところにある。

Ⅳ ILO100号条約違反

ILO100号条約が国際的公序に寄与していることは、2007年7月現在164カ国が批准していること、労働者の基本的人権保障のためにもっとも重要な原則を定めた8条約の一つに掲げられていることによって明らかだ。また、1998年の「労働における基本的原則及び権利に関するILO宣言」でもその重要性が確認され、未批准国も状況報告義務が課せられた。賃金差別の撤廃と是正が人権保障の基本的原則として位置づけられていることは明らかである。

日本が1967年にILO100号条約を批准するにあたって国会答弁において、労働基準法4条は、この条約に定める原則を織

り込んで法秩序を形成しており、見直しを必要とするものではないとの見解を表明している。このことは、憲法14条に定める男女平等原則が、この国際法秩序の一端を形成する「同一価値」の労働に対する同一の報酬の支払い原則を含むものであることを示している。

　また、立法の趣旨を反映するものと考えられる労働省労働基準局監督課長寺本廣作氏の著書「労働基準法解説」（昭和23年7月10日発行）においても、労働基準法4条は、同一価値の労働に対して同一の賃金を支払わせることまで要請するものではないが、格差の合理性を判断する場面においてこの原則がふまえられるべきこと、を明らかにしていた。

　したがって、性差別性の有無を検討するにあたって同一価値労働同一賃金原則に基づく職務評価の手法を用いる法的根拠は否定されるべきではなく、ILO100号条約の規定によれば、それをしないことは同条約違反であると解釈されるからである。性中立的な職務評価のプロセスを経ないで性差別賃金であることを否定する労働基準法4条の運用は誤りであり、しかも、ILO100号条約は男女間に賃金格差が生じている場合にステレオタイプ的先入観を排して性差別賃金の是正を求めるものであるから、格差の完全な回復を回避するような労働基準法同条の運用についても同条約に違反するというべきである。

　さらに、2003年の条約勧告適用専門家委員会の意見では、ILO100号条約は、パートタイムなど非正規労働者の職務の性中立な価値判断も含まれるとしている。日本では90年代後半から非正規労働者が増大し、現在女性の54％が非正規・低賃金であるため、ひとりで生きることができない状況にある。非正規労働者の不当な低賃金は明らかに同条約に違反というべきである。

V　100号条約に基づいて求める勧告の内容

（1）日本政府は、異なる担当職務や職種の間の男女間賃金格差には労働基準法4条を適用しない法の運用を改めるべきである。

（2）日本政府は、異なる雇用管理区分（職種・就業形態・契約形態・キャリア開発など活用区分）であっても、職務評価結果が同等である男女間の格差は性差別とするよう男女雇用機会均等法及び労働基準法4条の運用を改めるべきである。

（3）男女間の賃金格差を「担当職務」や「職種」の違いから労働基準法4条に違反しないとする場合には、性中立的な職務評価基準なしに判断しないよう、職務評価制度を確立すべきである。

（4）賃金格差が性差別賃金であると判断された場合においては、賃金格差の全額を是正し、あるいは将来に向かって格差を是正する措置を講じるべきである。

（5）雇用管理区分の違いによる男女間の大きな賃金格差を解消するためにも、職務評価制度を確立すべきである。

（出所：全石油昭和シェル労働組合ホームページ）

資料3　ILO条約勧告適用専門家委員会報告（2008年3月）

1. 本委員会は、2007年6月に総会委員会（基準適用委員会）で行われた討議と、その結果としての結論に留意する。本委員会は、総会委員会が、同一価値労働に対する男女の同一報酬を法律上も事実上も、より積極的に促進するよう日本政府に強く要請したことに、とりわけ留意する。委員会は、政府報告と、同報告に添付された日本労働組合総連合会（連合）の2007年10月19日付情報に含まれた本条約適用に関する意見に留意する。さらに委員会は、「商社ウィメンズ・ユニオン」と「女性ユニオン名古屋」の総代である「ワーキング・ウィメンズ・ネットワーク（WWN）」の2007年5月23日付情報に留意する。この情報は、2007年7月13日に政府に送付された。

2. 男女間賃金格差に関する評価

　本委員会は、フルタイム労働者間での時間当り所定内現金給与に関する男女間賃金格差が、2004年の31.2パーセントから2006年の32.9パーセントへと拡大した、とする政府による統計情報に留意する。男女間賃金格差は、製造業（41.1パーセント）と金融保険業（45.2パーセント）で最も大きく、運輸業（23.1パーセント）と通信業（28.3パーセント）で最も小さい。委員会は、男女間賃金格差が、依然として非常に大きいことに留意する。委員会は、フルタイム労働者の時間当たり所得格差が、2004年以来拡大していることをとりわけ懸念する。本委員会は、男女間賃金格差の根本をなす要因について、日本政府が詳細な分析を行うつもりであることに留意しつつ、採用と昇進における差別が男女間賃金格差に与える影響に関する指摘を含む、この分析の結果を、日本政府が提供すること、また、根本的要因に対処するための行動についての情報を提供することを求める。委員会はさらに、男女の所得に関する詳細かつ比較可能な統計情報を今後も提供することを政府に求める。

3. パートタイム労働

　本委員会は、2007年5月の「パートタイム労働法」の改正が、男女間賃金格差の削減に寄与することを日本政府が期待していることに留意する。委員会は、改正法では、一定のパートタイム労働者はフルタイム労働者と同等とみなされるものとし、それはすなわち、とりわけ、賃金、教育訓練、福利厚生施設、およびその他の条件に関して差別がないことを意味する点に留意する。連合は、パートタイム労働者に対する差別は、依然として多くの面で性別に基づく差別であることを強調し、同法の改正によって新たな保護の対象となるのはパートタイム労働者のごく一部に過ぎないとして、同法の改正は不十分であったと述べている。本委員会は、改正パートタイム労働法の実際の適用状況についての情報を提供するよう日本政府に求める。この情報には、法改正が男女間賃金格差の解消にどの程度、寄与したのかに関するものも含む。日本政府はさらに、改正法の下で賃金差別の保護によって利益を得るパートタイム労働者の比率を性別によって示すとともに、この保護をパートタイム労働力に対してさらに総合的に拡大することを考えているかどうかを述べるよう求められている。

4. 同一価値労働

　労働基準法第4条では、使用者は、労働者が女性であることを理由として、賃金について、男性と差別的取扱いをしてはならない、と規定しているが、本委員会は、同法が同一価値労働同一報酬の基本に触れていないことから、本条約の原則を十分に反映していないことを想起する。日本政府は、報告の中で、第4条は本条約の要件を十分に満たしているとする見解を繰り返し、内容の異なる仕事を行う男女間の賃金格差は、労働基準法第4条に違反するとした判例を想起している。政府はさらに、企業内で1つの職務から他の職務に労働者を配置することは、長期的な人的資源開発を保証するものであり、日本では慣行であったと説明している。その場合、賃金は「職務遂行能力」に基づいて決定されたのであり職務評価に基づいたものではない。従って政府は「男女雇用機会均等法（以下均等法）」で規定されたように、業務の配分と権限の付与における差別の禁止は、賃金に関して「女性労働者に対する不利益な取り扱いを避けるための」有効な措置となったとする立場をとっている。

5. 本委員会は、労働基準法第4条と均等法がジェンダーに基づく賃金差別の禁止を保証するために、連合が同二法の改正を求めていることに留意する。WWNによれば、労働基準法第4条に基づいて、女性原告の労働が比較の対象とする男性の労働と「同一価値労働」であるとした最終判決は1件に過ぎない。WWNは、同一賃金に関する訴訟の長さを強調し、男女同一価値労働同一報酬原則が法律で規定されていれば、より効果的に同原則が実施できるだろうと主張している。これは、年功賃金制から成果主義に基づく賃金制度への進行中の変化に照らしても必要であった。

6. 本委員会は、男女同一価値労働同一報酬原則は、男女が行う職務または労働を、技能、努力、責任、あるいは労働条件といった客観的要素に基づいて比較することを必ず伴う点を強調したい。その比較が不可能な場合、どのように原則が適用されているのかを判断するのは難しい。本条約は、職務内容を同一報酬の確立に向けた出発点としているが、客観的かつ非差別的に適用されている限りにおいて経験、能力、成果といった要素が報酬決定の際に考慮されることを妨げることはない。従って本委員会は日本政府に対して、男女同一価値労働同一報酬原則を規定するために法改正の措置を取るよう求める。委員会は政府に対して、本条約の原則に影響を与えるような労働基準法第4条の下での賃金差別に関する、あらゆる新たな判例について詳細な情報を提供するよう求める。賃金差別に対処するという目的で、雇用管理制度と賃金制度が女性の所得に与える影響をさらに調査するよう求めた総会委員会の政府への要請を想起しつつ、本委員会は政府に対して、これに関して政府がとった措置と調査から得られた結果について示すよう求める。

7. 間接差別

　本委員会は、間接差別とみなされる措置について判断する権限を厚生労働省に与えている均等法第7条に関する先の意見を想起しつつ、2006年の均等法改正に続いて修正された均等法の施行規則第2条が、以下の3つの措置を規定していることに留意する。すなわち、（1）労働者の身長、体重、体力に関する要件、（2）コース別雇用管理制度における労働者の募集と採用に関連して、住居の移転を伴う結果となる配置転換に労働者が応じられるかどうかにかかわる要件、（3）職務の異動と配置転換を通じて得られた労働者の経験といった昇進のための要件である。委員会は、間接差別に関する一般的定義が、均等法の指針（「均等法指針」）の中に含まれており、施行規則第2条に列挙された事例に含まれない間接差別は司法により違法とみなされるとする政府の指摘にも留意する。政府は、問題の見直しを続け、判決の動向を踏まえつつ、必要に応じて施行規則第2条を改正するとしている。連合は、間接差別に関する均等

法の限定的な規定が国際基準に合致するかどうか疑問視しており、引き続き間接差別の範囲を特定しない幅広い定義を同法に盛り込むよう求めるとした。WWNも、間接差別のより幅広い定義が適用されるべきであるとの意見を提出している。報酬に関するあらゆる形態の間接差別は、本条約に即した措置を講じられるべきであることを想起しつつ、委員会は、均等法第7条とその施行規則第2条の適用に関する詳細な情報を提供することを日本政府に求める。委員会は政府に対して、労働者団体および使用者団体と間接差別問題について協議を続け、関連する裁判について報告し、間接差別の定義によって報酬に関するあらゆる形態の間接差別が効果的に保護されることを保障する上で、いかなる進展がみられたかを報告するように求める。

8．コース別雇用管理制度

本委員会は、政府報告から、2006年「女性雇用管理基本調査」によれば、コース別雇用管理制度をとっている企業は全体の11.1パーセントで、2003年と比較して1.6パーセント増である点に留意する。コース別の男女間分布に関して、新たな情報は得られていない。連合とWWNの双方とも、コース別雇用管理制度が、事実上、依然として男女差に基づく雇用管理として利用されていると主張している。両者は、政府が出した「均等法指針」では、男女差別の禁止の適用を各「雇用管理区分」内に限定しているために、同一価値労働同一報酬原則に反して、別の区分で雇用された男女間の比較を排除することになる。そのため政府によるこの指針が、男女差にもとづく雇用管理の端緒を開くことになったとも両者は主張している。委員会は、企業によって設けられた異なる雇用区分に属する男女に対して、本条約原則の適用を制限することはできないと考える。本委員会は日本政府に対して、委員会の審査のために「均等法指針」のコピーを提供するとともに、もしあれば、連合とWWNによって提起された上記の問題に返答する意見を提供するよう求める。委員会は、とりわけコース別の男女数を含め、コース別雇用管理制度がどの程度用いられているのかについて、最新の統計情報を提供することも政府に求める。総会委員会が求めたように、賃金差別に対処する観点から、コース別雇用管理制度が女性の所得に及ぼす影響について、さらに調査するとともに、その調査結果について報告することを日本政府に求める。

9．客観的な職務評価

客観的な職務評価手法を促進するための努力を強化するよう政府に求めた総会委員会の要請を想起しつつ、本委員会は、日本政府がこの点に関して取った措置についていかなる情報も提供していないことに留意する。連合は、同一価値労働同一報酬原則を実施するための手段として、客観的な職務評価手法の活用を提案したとしている。本委員会は日本政府に対し、本条約第3条に則って客観的な職務評価を促進するために取られた措置について、次回報告で示すよう強く要請する。

10．労働監督

本委員会は、政府報告から、2005年には122,733件の労働条件調査が行われたことに留意する。労働基準法第4条違反10件については、行政指導を通じて対処され、1件は検察に送検された。委員会は、職場での男女間賃金格差について、「労働者が女性であることによるのか、あるいは、職務、能力、技術、その他の事実によるのか」を監督官が確認する、とした政府の指摘に留意する。委員会は、職務の異なる男女が同一価値労働を行っている場合、賃金差別の事実を見分けるために労働監督官が用いている具体的な手法についての情報を提供するとともに、労働監督官に対して同一価値労働同一報酬原則に関する特定の訓練が提供されているかどうか示すことを日本政府に求める。政府は、また、労働基準法第4条違反の事例について、事実関係を含めて引き続き情報を提供するよう求められている。

（出所：ワーキング・ウィメンズ・ネットワーク〔WWN〕ホームページ）

資料4　申し立てに対する日本政府の見解

1. 「C100にもとづいてILOに要望する勧告」について
   [申し立て文書中の関連する主要な部分]
   Ⅴ　「C100にもとづいてILOに要望する勧告」

(1) 要望点（1）「日本政府は、異なる担当業務［複数］や仕事［複数］の間の賃金格差問題については労働基準法第4条を適用しない、という姿勢を改めるべきである」について。

[96] 申立人は、「日本政府は、異なる担当業務［複数］や仕事［複数］の間の賃金格差問題については労働基準法第4条を適用しない、という姿勢を改めるべきである」と主張する。

[97] この点について、また労働基準法第4条への違反を判断するためには、男性と女性の賃金の違いが職務の内容、権限、責任などに根ざすものだと説明でき、また能力や熟練などに起因するのであって、単純に職務内容や職種のちがいから労働基準法第4条の適用を排除しているわけではないかどうかを見極める総合的な判断と取り組みが必要となる。

[98] 司法の判断では、第3章に概要を述べた労働基準法第4条にかかわる事案［複数］の場合のように、職務内容や職種のちがいから男女間にある賃金格差をめぐって労働基準法第4条が適用された事例が複数ある。
（1）男性［複数］が本社で役員を務め、女性［単数］が支店長をやっていた事例では、女性は雇用期間中の職務内容、責任、熟練などで同年代同勤続の男性たちに比べて見劣りせず、むしろかれらと同等の質と量の仕事をこなしてきたと評価されていたにもかかわらず、男女間の基本賃金の格差をただす適切な対策がとられてこなかったため、法廷は労働基準法第4条に照らして違法であると述べた。（第3章6節；Nisso-Tosho賃金請求事件、参照）
（2）男性［単数］が管理職で女性［単数］が事務員の事例では、業務知識や熟練、責任や精神的な負担、疲労度など主要比較項目の衡量において困難さにほとんど差がみられず、したがって業務の重要性についても特段の具体的な違いが認められなかった事案について、法廷は男女間の賃金格差は違法であり、労働基準法第4条に違反していると決定した（第3章4節；京ガスにおける女性従業員の賃金差別事件、参照）
（3）男性［複数］が機械や重量物の操作に携わり、また危険で有害な業務につき、いっぽう女性［複数］は整理、受付、検査、行程試験など女性が頻繁に操作を任されていたが、重量物を持ち上げる筋力は要求されないものの高い緊張と集中を求められる質の高い仕事であることから、法廷は男性と女性の間の賃金格差はもっぱら性のちがいによる差別で違法であり、労働基準法第4条に違反しているとした。（第3章7節；内山工業損害賠償事件、参照）
（4）男性は基幹的業務、女性は補助的業務なるものに分類されていた事件（均等法が、均等待遇を確実にするための努力義務を規定していただけの時期）では、男女間の担当職務が、女性の能力向上と継続した雇用の長さからしだいに不分明となり、ときに重なることもあったなどの事案について、性別の賃金体系を作り、性により個別賃金を差別する状態を作り維持してきたのは違法であり、労働基準法第4条などに違反しているとした。（第3章7節；兼松損害賠償請求事件、参照）

[99] 以上から日本政府は、申立人が危惧する条約違反を犯している事実はないと考える。

(2) 要望点（2）「日本政府は、男女が異なる雇用管理区分にあって賃金に格差がある場合でも、同等の価値があると評価される場合は性差別だと決めつけるよう、均等法や労基法第4条の運用を改めるべきだ」について。

[100] 申立人はこう主張する。「日本政府は、男女が異なる雇用管理区分（仕事、就業形態、雇用契約、能力開発などによる実際的な区分）にあって賃金に格差がある場合でも、同等の価値があると評価される場合は性差別だと決めつけるよう、均等法や労働基準法第4条の運用を改めるべきだ」

[101] これにかんして、また第2章1節（1）の段落［13］ないし［18］ですでに述べたように、条約は「如上の行為が本条約の規定を有効ならしめる助力となる場合には、遂行すべき業務の客観的職務評価を推進する措置をとるものとする」といっているにすぎない。（条約第3条第1段落）。ゆえに、職務評価制度を導入するか否かは個々の国に任されるべきであると解釈され、申立人が主張する、均等法や労働基準法第4条を職務評価制度に活用すべきであるというのは適切でない。

[102] 日本においては職務評価制度がかならずしも条約実施に役立っていない事情がある。すなわち、段落［27］ないし［31］で述べたように、日本の大多数の企業では人材開発は長期的な視野に立って、新卒者を特定の職務担当に予定するのではなく、同一企業のなかで配置転換によって広範な実務経験を積ませていくのである。

[103] こうした雇用慣行のなかで、人材開発と処遇の制度は職種と雇用条件によって設定された区分によって決められ、ある時期のある担当職務には基づいていない。大多数の会社では、職務遂行能力によって賃金体系を決める方法を採用している。個々の労働者の業務遂行能力は業務を完遂できる程度によって決め、個別の賃金はこの査定によって決められている。この賃金体系のもとで、ある職務査定を受けた労働者が配置されうる職務の範囲はかなり広い。このため、仕事内容と賃金にはゆるやかな相関しかないことになる。中には担当業務に重点を置く企業もなくはないが、それでも担当業務だけで賃金を決めているところは極めて少ない。

[104] 日本におけるこのような雇用管理の現状をふまえて、ある時期の職務内容への職務評価結果で何かを判断するというのは適切でなく、したがって均等法も性にもとづく差別は個々の雇用管理区分のなかで判断されるべきだと規定している。（これは、職務の種類、能力、雇用上の地位、労働の形態などによる区分のことであり、1つの区分に属する労働者群を雇用管理を運用する目的で確立した区分であって、他の区分［複数］に属する労働者群と際立たせた区分のことである）。

[105] しかしながら、男性と女性の労働者が雇用管理上異なる区分に属する場合の差別賃金を、単純に形式的な雇用管理区分［複数］があるというだけで否定するかのような誤解を招くのは適切でない。このため、有識者、労働組合と経営者団体の代表による3者構成の諮問会議が審議の結論として、労働組合と経営者団体との間で得られた合意により、指針［複数］を改訂した。このなかでは、雇用管理区分［複数］が同等か否かを判定するには、職務内容、職務範囲、配置転換などによる人的

異動など労働者［複数］が属するある区分が客観的で合理的な差異があるかどうかを判断すべきだといっている。またこの判定は、当該企業の雇用管理の現実的な状況にそう形でおこなわれるべきで、ただ形式的におこなうべきではないともいっている。

［106］均等法が現在いうところによれば、性による差別の判断は、上述の雇用管理区分［複数］の考え方にそって適切におこなうことができる。

［107］とはいえ段落［97］で述べたように、現存する賃金の格差が職務の内容、権限、責任などから説明できるものであり、また能力や熟練などに起因するものかどうかについては、労働基準法第4条は総合的な判断を求めていると解釈される。こうした場合でも、日本のおかれた現状に照らして、労働基準法第4条は雇用管理区分［複数］を1つの判断基準とすることを排除していないと考える。

［108］ある職場において労働基準法第4条違反が存在すると考えられるとき、当該の男性または女性労働者は、労働基準法第104条にもとづいて労働基準監督署に権利の適用を求めることができる。これに加えて、労働基準法第4条の運用にあたっては、段落［107］で考え方を述べたように、労働基準監督官［複数］は問題となっている職場の賃金格差がその労働者が女性であるゆえのものか、職務内容、能力、熟練度などによるものかを調べ、必要な資料を提出させたり、経営者や労働者に面接したりするなどしてその職場の賃金体系を調査し、もし条文違反が見つかれば所要の指導をおこなうのである。

［109］以上から日本政府は、申立人が危惧する条約違反を犯している事実はないと考える。

(3) 要望点（3）および（5）「職務評価を制度として導入すべきである」について。
［110］申立人はつぎのように主張する。「日本政府は、職務評価制度を導入し、性中立的な職務評価を抜きにして、異なる業務や仕事につく男女間の賃金格差が労働基準法第4条に違反していないと判定することがないように、また日本政府は、職務評価制度を導入し、これによって異なる雇用管理区分の男女間にある大きな賃金格差を早急に解消すべきである」

［111］この点について、すでに第2章1節の段落［13］ないし［18］で述べたように、条約は「如上の行為が本条約の規定を有効ならしめる助力となる場合には、遂行すべき業務の客観的職務評価を推進する措置をとるものとする」といっているにすぎない。（条約第3条第1段落）。ゆえに、職務評価制度を導入するか否かは個々の国に任されるべきであると解釈され、申立人が主張する、均等法や労働基準法第4条を職務評価制度に活用すべきであるというのは適切でない。

［112］日本においては職務評価がかならずしも条約実施に役立っていない事情がある。すなわち、段落［27］ないし［31］で述べたように、日本の大多数の企業では人材開発は長期的な視野に立って、新卒者を特定の担当職務に予定するのではなく、同一企業のなかで配置転換によって広範な実務経験を積ませていくのである。

［113］こうした雇用慣行のなかで、人材開発と処遇の制度は職種と雇用条件によって設定された区分によって決められ、ある時期のある担当職務には基づいていない。大多数の会社では、職務遂行能力によって賃金体系を決める方法を採用している。個々の労働者の業務遂行能力は業務を完遂できる程度によって決め、個別の賃金はこの査定によって決められている。この賃金体系のもとで、ある職務査定を受けた労働者が配置されうる職務の範囲はかなり広い。このため、仕事内容と賃金にはゆるやかな相関しかないことになる。中には担当業務に重点を置く企業もなくはないが、それでも担当業務だけで賃金を決めているところは極めて少ない。

［114］日本におけるこのような現状をふまえて、現存する賃金の差別が業務の内容、権限、責任などから説明できるものなのか、また能力や熟練などに起因するものかどうかについては、労働基準法第4条は総合的な判断を求めていると解釈され、このさい雇用管理区分をその判断基準の一部とすることを排除していないと考える。

［115］ある職場において労働基準法第4条違反が存在すると考えられるとき、当該の男性または女性労働者は、労働基準法第104条にもとづいて労働基準監督署に権利の適用を求めることができる。これに加えて、労働基準法第4条の運用にあたっては、段落［114］で考え方を述べたように、労働基準監督官［複数］は問題となっている職場の賃金格差がその労働者が女性であるゆえのものか、職務内容、能力、熟練度などによるものかを調べ、必要な資料を提出させたり、経営者や労働者に面接したりするなどしてその職場の賃金体系を調査し、もし条文違反が見つかれば所要の指導をおこなうのである。

［116］日本においては、現在のところ、職務評価制度は上述の理由［複数］から政府が一律に強制しておらず、したがって日本政府は、申立人が危惧する条約違反を犯している事実はないと考える。

［117］しかしながら、女性が賃金差別を受けるのを防ぐために、個々の雇用管理において、成績査定、能力開発の手段でもある配置や業務任命のあり方など、賃金の決定に影響するいかなる差別も排斥するのが有効であろう。

［118］また、女性の雇用の継続期間を長くし、女性のランクを上げることで、男性と女性との賃金の乖離を狭めていくことが重要である。このため、段落［35］ないし［46］で述べたように、日本政府は均等法および労働基準法に基づいて毅然とした行政指導をおこない、また女性が出産や育児などで仕事から切り離されることを減らす環境を整備し、企業が取っている積極的な施策を推進し、将来に向けてさらなる努力を継続しようとしている。

(4) 要望点（4）「賃金格差の全額を是正し、将来の不平等を是正するためにも適切な措置［複数］を講じるべきである」について。
［119］申立人は「ある賃金格差が性差別であると考えられたときは、賃金格差の全額を是正し、将来の不平等を是正するためにも適切な措置［複数］を講じるべきである」と主張する。

［120］この場合、労働基準法第4条違反があるときは［複数］、当該労働者の請求の範囲内で賃金差に等しい額を支払うよう雇用者に向けて行政指導が発せられる。

［121］また賃金の不平等が性や昇進、昇格などによる差別である場合［複数］、均等法違反にあたるが、つぎのような措置が取られうる。すなわち、都道府県労働局の理事［複数］による紛争解決の支援、また紛争調整委員会による調停などによって、賃金格差に相当する金額を雇用

者に支払うよう指導すること、昇進、昇格、将来の配置の再検討などの方法で賃金の差を是正するのである。

[122] さらに第3章で概要を述べた訴訟［複数］のように、司法もつぎのようなさまざまな個別事案にたいして対策を打ち出している。すなわち、もし差別をこうむらなかったならば適用されていたはずの賃金［複数］の明瞭な基準がある事案、長期間にわたる累次の昇進、昇格のためあるいは多様な特例や手当制度があって明瞭な基準のない事案［複数］、ある労働者のすでに消滅した訴えが持ちだされた事案［複数］、ある被用者の請求内容や所定の証明が不完全な事案［複数］などである。

[123] 日本政府はこのように、不平等な賃金の是正は個別の事案ごとに適切な方法でかつ既存の種々の制度をつうじて取り組まれつつあると理解しており、したがって申立人が憂慮する条約違反にはあたらないと考える。

2.「C100にもとづいてILOに要望する勧告」以外の、申立人の主張について
　［主張文書中の関連する主要な部分］
　　Ⅰ　申立ての概要
　　Ⅲ　司法判断が深刻な懸案を暴くことになった
　　Ⅳ　ILO、C100報酬条約の違反

(1) 司法判断が条約に違反している、との主張について。

[124] 申立人はいくつかの訴訟を引用して、賃金格差の違法性を測る体系だった職務評価制度がないこと、男女間の賃金格差について司法判断は性中立的な職務評価制度を適用することなく労働基準法第4条に違反していないと決定していること、そしてこのような格差［複数］にたいして全面的な補償を回避するような労働基準法第4条の解釈法は、条約の違反であると主張する。

[125] この点について、日本政府がなぜ労働基準法第4条は条約の要請を満たしていると理解するかの理由は、すでに第1章1節の段落［13］ないし［18］、およびこの章1節の（3）および（4）で説明した通りである。

[126] 日本政府はしたがって、申立人が危惧する条約違反というのは事実でないと考える。

[127] 申立人が指摘する訴訟［複数］は、第3章1節ないし5節に概要を載せた。3権の分立が採用されている日本の機構では、行政府は司法判断が適切か否かをコメントする立場にない。日本政府はしたがって、当該主張の司法判断の適切性についてはどのような意見も差し挟むことを控える。しかし同時に、また第3章に概要を載せたように、申立人が引用している法廷の決定には、事実［複数］の解釈に多くの誤りがある。

[128] たとえば昭和シェル石油（野崎）事案について、申立人は、法廷が「職能資格等級制度による男女間賃金格差の違法性が問われた事件で、和文タイプ業務に従事してきた女性と国際テレックス業務の男性との賃金格差について、ILO100号条約が薦めている性中立的職務評価のプロセスを経ることなく、違法性を否定した下級審の判決」を是認し、また「この判決は、同期者のうち管理職の職務に従事しなかった男性のテレックス職務と同価値の仕事をしていたものと認めることはできないと判断し、この認識を賃金格差の性差別性を否定する1つの要素とした」と主張する。

[129] この点についてはしかしながら、この決定では、段落［65］で述べたように、「Q社においてテレックスの受発信を担当していた男性（A。この事案には関係ない）は、Xより基本的により価値のある業務をおこなってきたとは認定できない。XとAとの間のランク付けにおける顕著な差、およびXとAは別々の会社で働いてきたがXは1978年いらいAと類似の職務に携わってきたことを考慮すると、XとAにおけるランク付けの顕著な差は職務経歴の違いからは説明できないので（Xはずっとタイピスト）、ランク付けが少なくとも両者のうち1人については問題を孕んでいると推認させる。そしてAのランク付けが高すぎるという証拠はないので、Y社におけるXのランク付けに問題があったと推認できる」。法廷は、会社が差別を犯していたとの証拠の一部としてこの点をとらえたのであり、したがって申立人の主張は事実関係に誤りがある。またこの決定には、段落［63］で述べたように、日本語タイプ業務がなぜ低い賃金であるかの理由［複数］を述べている。

[130] さらに、申立人は、性により区別された昇進コースによる兼松賃金差別事案について、こう主張する。「裁判所は、一般的に女性は補助的・定型的業務に従事していたと認定して、賃金格差を何の根拠もなく合法的であると判断してしまう」

[131] この点についてはしかしながら、またこの決定については、段落［50］ないし［56］で述べたように、男女間の賃金の格差については判断の要素として同年齢で継続勤務の長さが同程度と推認できる男女間の格差なのか、担当職務やその困難さが均質でお互いの職務を繰り返し交替している男女間の賃金の格差なのか、担当職務内容が専門性［複数］や交渉・外国語などの熟練を必要とするものかなどを調べ、男性総合職と女性事務員とのある期間の担当職務を比較して、法廷は格差の合理性を判断したのであり、申立人のいう「根拠を示すことなく」というのは事実関係の誤りである。

[132] さらにまた、「賃金格差が性差別によることを認めながら、賃金差額の回復を全く認めなかった事案」について申立人は、その京ガスの女性従業員の賃金差別事件を引用して、こう主張する。「裁判所は、女性の担当職務の価値評価が男性の評価をはるかに上回ると認定したのに、女性の賃金をその男性の85％であると判断した」

[133] この点についてはしかしながら、またこの決定については、段落［80］で述べたように、かれらの担当職務［複数］の価値評価には特段の違いはなかったものの、賃金決定の要素としてはこればかりでなく、個人別の能力や勤務態度など様々な他の理由があり、原告がこの理由の立証責任を持ちながら、この点が全面的には開示されなかったため、法廷は85％と判断したのである。

[134] これに加えて、申立人は、丸子警報機事案は「性による賃金差別が現存しているのに、賃金格差を是正する命令が出されなかった事例」だと主張する。

[135] この点についてはしかしながら、またこの決定については、段落［84］で述べたように、本件は正規従業員と非正規従業員との賃金格差問題をめぐる、性による差別問題ではなく、女性正規スタッフと女性臨時従業員の担当職務が同一だと認定された事案である。申立人の主張にはしたがって事実関係に誤りがある。

[136] これに加えて、申立人は、「司法も異なる担当職務や職種の間の男女間賃金格差には労働基準法4条を適

用しないとする法の運用や判断を行ってきた。この傾向は、特に1985年の男女雇用機会均等法制定後強まっている」と主張する。

[137] この点については、この章1節（1）で述べたように、司法は異なる担当職務や職種間の男女間の賃金格差について労働基準法第4条を適用しているのであり、またこの章1節（1）で述べた訴訟はすべて男女雇用機会均等法制定後に判決が出されたものである。申立人の主張はしたがって事実に誤りがある。

[138] 上に述べたように、申立人は事実関係の誤りにもとづいて主張を組み立てている。したがって貴委員会におかれては、こうした諸点について十分知悉されたうえ本件を精査され、第3章に述べた訴訟事案を検討されるようお願いしたい。

（2）コース別雇用管理においては担当業務を2つに分けている。すなわち「基幹的判断業務」と「補助的定型的業務」である。

[139] 申立人は、担当業務が2つの部分すなわち「基幹的判断業務」と「補助的定型的業務」に分けられ待遇に格差があるコース別の雇用管理について、この制度そのものが差別であるとする。それは、担当業務が男性用、女性用と分類されることに直接つながり、また補助する業務と補助される業務への分類が性別役割分担の尺度を持ち込むことになっているからだとする。

[140] この点については、段落[43]で述べたようにコース別に分類された雇用管理制度はひとつの雇用管理制度であって、担当業務が「基幹的判断業務」と「補助的定型的業務」に分けられ待遇に格差がある制度だからといって、ただちに違法であるとはいえない。しかしながら、もしこの制度が、たとえば「基幹的判断業務」を男性にだけ割り当て、「補助的定型的業務」を女性にだけ割り当てるように運用されているとすると、これは性による差別であり、したがって均等法違反にあたり、行政指導や勧告などの毅然とした措置が講じられることになる。

（2）非正規労働者の待遇問題への条約適用について

[141] 申立人はつぎのように主張する。「2003年に発行された条約勧告適用専門家委員会の見解によれば、条約のもとで、性別にみたパートタイマーその他の非正規労働者などの賃金額のレベルは、客観的な職務評価によって比較するべきである。日本においては、非正規労働者の数は1990年代以降急速に増え、現在では女性の54%が非正規労働者で低賃金下におかれ、自立できない状態にいる。このように不当な低賃金が非正規労働者の間に広範に存在すること自体、条約への違反である」

[142] この点について、非正規労働者（すなわち、パートタイム労働者、有期契約労働者、および派遣労働者）の待遇は、かれらの多様な労働条件によって決まっている。日本政府は、非正規労働者の待遇問題は、条約適用とは関係がないものと認識している。

[143] 労働基準法や最低賃金法などの法令も、原則的にいわゆる非正規労働者にも他の労働者と同様に適用される。

[144] なお参考までに、非正規労働者の待遇に関連する最近の新しい状況について、つぎの情報を提供する。

A）パートタイム労働者

[145] 2008年4月1日改正・施行された「短時間労働者の雇用管理の改善等に関する法律」は、つぎのように規定する。
（1）すべてのパートタイム労働者（通常労働者と同等のパートタイム労働者は除く）について、事業主は、パートタイム労働者の待遇を、労働条件に応じて通常労働者と均衡のとれたものにするよう努力すべきである。
（2）通常労働者と同等のパートタイム労働者については、事業主は賃金の決定、訓練の実施、福利施設の利用その他の労働者待遇について、かれらがパートタイム労働者であることをもって差別扱いをしてはならない。

[146] 日本政府は、都道府県労働局の理事がパートタイム労働者を雇用する事業主から報告書を提出させ、事業主に助言、指導、勧告を出すよう、規定を用意するなど多大な努力をおこなっている。

B）有期契約労働者

[147] 有期契約労働者については、待遇のあり方など施策の方向について、有期雇用契約研究会において審議がすすめられており、その結果をまってとるべき必要な措置を検討することになる。

C）派遣労働者

[145] 派遣労働者については、「労働者派遣事業の適正な運営の確保及び派遣労働者の就業条件の整備等に関する法律等の一部を改正する法律案」が、2010年の通常国会に提出された。これは労働者派遣事業主に、同種の業務に従事する派遣労働者との均衡のうえに賃金などを決めるよう考慮する義務を課すことを内容としている。

（申立組合による仮翻訳）

PART 2
カンタン職務評価
（実践編）

屋嘉比ふみ子
（ペイ・エクイティ☆コンサルティング・オフィス代表）

職務評価に取り組むにあたって
——対人サービスの仕事に就いている人に向けて

アンペイド・ワークをペイド・ワークに

　職務評価の目的は、社会的評価が低い女性職（女性が70％以上）の職務を男性職と同等レベルに公正に評価し、理不尽な賃金格差を是正することです。女性職の大半は対人サービス業であり、看護師、介護士、ホームヘルパー、教員、事務職、各種販売業、保育士、客室乗務員、スーパー・小売業・百貨店の店員、女性センター職員、各種相談員、金融業界の窓口・外交など多岐にわたります。教員や看護師などの専門職は資格の有無や教育期間などが考慮されますが、基本的に対人サービス業は家事労働（アンペイド・ワーク）の延長とみなされてきました。たとえば保育、介護などはその典型であり、「未熟練な誰でもできる仕事」と位置づけられてきたため、社会的評価が得られませんでした。

　民間の労働市場のなかでは、性による仕事の偏り（職務分離や職域分離）があります。世界的に第３次産業が発達し（日本の就業者数4133万人、総労働力人口の67・2％、2005年）、対人サービス業が増大しているなかで、女性が集中している職種は社会的評価が低いため低賃金が続いています。性別職務分離を解消することも大きな課題ではありますが、今現在、女性職として低賃金が貼りつけられている職務をジェンダー平等な職務評価によって可視化し、公正な評価によって賃金是正をすることが急務です。

　何よりも対人サービス業は、「人が日々生きるための、人の暮らしに欠かせない」とても重要な仕事です。にもかかわらず、女性職に対する根強い蔑視と差別が続いています。また、対人サービス業では非正規労働者も多数を占め、雇用形態による賃金格差が社会全体に広がっています。

　1987年にペイ・エクイティ法が制定されたカナダのオンタリオ州では、前年の86年当時、女性は労働力の45％を占めていましたが、その41％は女性職に集中し、女性の平均賃金は男性の64・5％でした。ペイ・エクイティ法が88年に施行されると、女性の賃金は73・5％まで上昇し、賃金の平等化とあわせて雇用の平等が積極的に推進されるようになりました。さらに重要なことは、オンタリオ州政府が賃金差別は個人レベルの問題ではなく、「制度的な問題」であると認識していたことです。

　日本との大きな違いに注目し、ペイ・エクイティ運動のガイドラインにする必要があると思います。

国際公務労連の主張

　国際公務労連（156カ国、635組織、2000万人［2008年６月］、日本では自治労が加盟）は、「今こそ同一価値労働同一賃金を！」というキャンペーンで、公共サービスにおけるペイ・エクイティについての詳細な資料を出しています（ホームページ、2002年）。ごく一部だけ簡単に紹介します。

　　　＊　　　＊　　　＊

　同一価値労働同一賃金は、賃金の設定にあたっての男女の差別撤廃、つまり労働に対する公正な賃金のことです。同一価値労働同一賃金キャンペーンは、同一価値労働同一賃金

を、賃金不平等、女性が大半を占める仕事における労働の過小評価、そして貧困、低賃金に取り組む行動を包含する大きな定義としてとらえています。同一価値労働同一賃金には以下のことが含まれます。

● 同一の仕事の比較において、平等または同一の労働に対して支払われる平等賃金
● 看護師と大工など、価値が同一な労働／同一でなくとも価値が同等・匹敵可能な労働に対する平等賃金
● 女性の低賃金と生活賃金の向上に取り組むための戦略
● 賃金体系における差別の撤廃

同一価値労働同一賃金は、交換価値／使用価値に基づいて女性が行う仕事が、男性の仕事と同等の支払いを受けたときに達成されます。これは仕事内容の評価に基づくもので、誰がその仕事を行ったのか、またその人の従来の地位はどうであるかに基づくものではありません。仕事が同等である場合は、同等の価値である場合は、同額の賃金を受けるべきであることが原則です。これは女性の仕

事の重要性を認識し、かつ、その仕事の価値に基づいた支払いを保障することなのです。同一価値労働同一賃金には以下のことが必要です。

● 賃金設定で用いられる基準に、ジェンダーの偏りがないこと
● すべての仕事がその価値に対して平等に評価されること
● 男女の賃金格差をなくすこと
● ジェンダーを問わず、すべての労働者を均等に待遇すること
● 公共サービスに充分な資金を提供し、透明性を確保すること

同一価値労働同一賃金は、質の高い公共サービスと関係があります。それは、女性の仕事がいかに評価されるかに関係してきます。公共サービスの仕事が評価されれば、女性の貢献も評価されます。

以下は実際の賃金不平等の例です。

● 週39時間床掃除をする家政婦（すべて女性）の収入は、週37時間働く壁掃除人（すべて男性）より30％低い。
● 学位レベルの資格があり、看護師として5年の経験を積み、職員15人を監督する看護師の収入は、建具職の見習を終え、3年の経験を積み、監督人数2人の管理職人より33％低い。この管理職人には時間外労働手当があるが、看護師は時間外労働の代わりとして代休が与えられる。
● 同じレベルの資格を持ち、同じ見習期間を終えた料理人（女性）と配管工は、料理人の労働時間が配管工より週2時間多いという契約にもかかわらず、収入は配管工より約30％少ない。
● 地方自治体で単純作業を行う男性と、男性と同等に働く女性を比較すると、男性が賞与やその他の加俸を受けている一方で、女性はそのような待遇を得ていない。
● 5歳以下の子どもの監督と世話を任務とする地方自治体の保育士は、施設内の害虫駆除に雇われている男性よりも25％少ない賃金しか得ていない。

国際公務労連がここに挙げたものは、不平等の例のごく一部です。明白な性差別と思われる事例は、日常的に数限りなくあります。

この"支払いのない主婦労働"で求められる「気働き・心配り」を商品化したものが、感情労働です。

感情労働について

マクドナルドのキャッチフレーズである「スマイル０円」について、ある経営者は、「コストもかからず、客の購買意欲を引き出し、自分も客もハッピーになれる。それは笑顔だ」と言います。「無料の笑顔」に代表される感情労働について考えてみましょう。

感情労働とは、さりげない「気働き・心配り」のこと。つまり、それはあまりにも「暗黙の了解」であるため、直接目に見えない、あるいは見る必要がないとされてきた労働です。

イヴァン・イリイチ（哲学者）が「シャドウ・ワーク」と名づけた"支払いのない主婦労働"は、労働者自身を再生産する労働として、あるいは老若男女を問わず、人が人として生き延びる上でも必要不可欠な仕事ですが、女性がやるべき労働という理由で貶められてきました。この"支払いのない主婦労働"を事務局としてボランティアで働いたことがあります。介護福祉士の資格を持つ正規職員の女性（40代）は、「自分の親、あるいは自分が要介護になったら、こんな介護をしてほしいと思えるような介護をしたい」と話していました。彼女はほとんど休みなく重責の仕事をこなし、ホームヘルパーもしていました。しかし、彼女の月給は、月に５日の夜勤を含めても17万円でした。

日本の企業社会は、「家庭内でのただ働きの主婦労働」を持っていることを前提とした男性正社員を基幹労働者と位置づけて、生産性だけを追求してきました。ほとんどを女性が担う感情労働は「利潤を生まないアンペイド・ワーク＝家事」の延長として、「仕事の価値」とは無関係にまったく評価されていません。

私の経験から──介護労働者の実態

介護保険制度が発足して10年が経ち、それまでは妻や娘や嫁という立場の「家族」が無償で担ってきた介護労働が、ごく一部ですが（利用率13％、認定率16％、2007年）社会化されました。高齢者の介護労働に従事する女性の割合は83・7％で、訪問ヘルパーは93・5％です（介護労働安定センター、2010年）。介護職は「愛」という名のアンペイド・ワークと同列に置かれています。「愛」を売る仕事では、その価値が見えません。

介護労働者は、やりがいを持って働き、本当に介護の仕事が好きで、人に尽くしたいという思いで従事している人が多いのですが、１人で生活することができないほどの低賃金なのです。しかも、NPOではボランティアであることが歓迎され、労働組合がない限り賃金交渉はとても難しく、みんなあきらめて我慢し、果ては離職します。

対人サービス業は、利用者の福祉（幸福）を優先することが前提です。そのために、自分ではまったく無自覚ですが、「愛とやりがいの名の下に」途切れることのない「愛」が課せられています。高齢者の介護、とくに認知症の場合は、利用者に共感し意に添うこ

私は失業中の１年間、NPO小規模多機能

現状の介護保険制度の下では、マニュアル化され、効率性やスピードのみが重要視されるため、充分なケアができない状況が続いています。にもかかわらず、介護の仕事は家事労働の延長だから未熟練でもよい、との一般的な認識の間違いは明白です。

利用者は千差万別で、身体の状態はもちろん、個人の歴史、生活環境、経済状況、家族関係、思想、嗜好、慣行、こだわり、趣味など一人ひとり違います。高齢者は、認知症、アルツハイマー、精神疾患、内臓疾患、視力・聴力障がい、肉体の苦痛など何らかの（あるいは複合的な）症状を持っていて、命にかかわる仕事です。ほとんどが密室であるため、暴力（言葉の暴力も含む）やセクハラの被害も多発しています。一日に3〜5軒を掛け持ちし、その都度移動しなければいけません。家族がいる場合は、家族への気配り・配慮などコミュニケーションも必要です。

個人を尊重しながら、利用者に満足してもらえるように、滞りなく業務を遂行するには相当の負担が要求されます。各個人の自立を促し、支援する介護という仕事には、緻密な判断力と問題解決力、また利用者との信頼関係を築くためのコミュニケーションスキルなどが必要不可欠です。

総合的に見ても「職務の価値」は相当高い

職務の価値の高さに注目しよう
——ホームヘルパーの仕事を例に

障がい者や高齢者の介護を問題なくこなすには、さまざまな場面で非常に高いスキルと努力（負担）が必要とされます。実際に身体障がい者のホームヘルパーは、「利用者宅での生活支援」で必要とするコミュニケーションスキルを充分に身につけるには、5年を要すると報告しています。しかし、介護報酬が身体介護と生活支援では異なるため、家事を中心とする生活支援の時給は身体介護の半額にすぎません。

グループホームや施設などの労働者は、仕事上での問題点を相談し合う人がいますが、訪問介護の場合は、すべてのプロセスを一人で判断し、ケースバイケースで即座に対応

とがとても大事です。私の経験では、たとえば次のようなことがあります。

若年性アルツハイマーの50代の男性は、自分がなぜデイケア施設で一日を過ごさなければならないか理解ができない憤懣と、不安や焦りから、介護者や他の利用者たちに怒鳴る、物を投げつける、手を挙げるという暴力を繰り返しました。食事もとらず、いつ何時でも一人で自宅に帰ろうと施設外を徘徊しました。介護者はこのような利用者をなだめ、元気づけ、一日を平穏に過ごせるように心を砕き、さらに他の利用者が動揺しないように一人ひとりに心配りをしなければなりません。

また、介護度の高い高齢者はトイレが間に合わないことから尿や便を漏らすことも多々あります。できるだけ自力でトイレに行けるよう配慮している施設では、どのような事態になっても、介護者は顔色ひとつ変えず、汚れた体を清潔に保つために、常に笑顔で入浴や着替えの支援を何度でもやり直すのです。

さらに、夜勤ではほとんど睡眠を取れないと聞きました。感情的負担、精神的負担、あるいは肉体的負担が非常に高い仕事だと実感しました。

ケアワークですが、「支払う必要のない女性職」「感謝はされても尊敬されない仕事」として社会的評価が得られていません。それどころか介護保険制度によって、「私たちは社会の嫁ですか?」と不満が出るほどに、女性労働者は劣悪な条件で酷使されています。70%が非正規であるホームヘルパーの場合、目一杯働いても賃金は月に7万～8万円です。

こうした実態から、感情労働を評価できるような職務評価基準を構築する必要があると考えます。職務評価は、ケアワークの専門性を公正に評価するための重要な切り口になるはずです。

介護労働者の労働条件

「介護難民」「医療難民」という言葉に表されるように、日本は人の命を大切にしない社会といえます。少子高齢化は今後ますます進み、65歳以上の高齢者は、2014年で25・0%、2025年で30・5%と予想されています。3人に1人が高齢者という時代が目の前です。今後は、国の政策としてケアにどれだけ投資できるかということが非常に重要な課題となります。介護労働者の人権確保と労働条件を改善することは、利用者の人権を守ることに直接つながります。

近年、介護福祉士の養成学校（大学や短大）の入学者は定員のわずか46%です（厚生労働省、08年）。03年と06年に介護報酬が相次いで引き下げられたことが原因と分析されています。09年には医療・介護部門の入職超過率が3・2%と、「他の産業に比較して増加」と報告されていますが、産業として安定しているという状態ではありません。09年には介護報酬は3%上がりましたが、労働組合がある施設以外のNPOなどボランティアが当たり前とする職場では、労働条件改善はほとんど行われていません。

また、離職率が全体で25・3%、非正規32・7%、正規20・4%と、他の仕事に比べて非常に高く（介護労働実態調査、2007年）厚生労働省は「対策の方向性」として、「介護労働については現状の賃金等の労働条件にさまざまな課題があり、今後の介護報酬の改

コラム

低賃金

正社員の1カ月の賃金総額が、正規の介護福祉士で、平均19万5000円。ヘルパーは17万5200円です。パートの場合は、時給900円未満は36.2％で、1000円未満が57.3％。正規職員の35歳の平均年収は260万円です。フルタイムでも生活はできないという状況です。

時間外労働の不払い（サービス残業）

不払い労働は、週5時間以上が38.2％。10時間以上が25.2％、15時間以上が15.6％です。休日の施設行事に対して賃金の支払いが「ない」職場は46.2％です。サービス残業がとても多いということです。

サービスの状況

「充分なサービスが提供されている」という人は4.8％、「ほぼできている」という人が40.1％で、サービスの状況が良いと答えた人は半数しかいません。その理由は、「人員が少なくて業務が過密」であるが、73％になっています。「仕事を辞めたい」と思うかという問いに対しての回答は、55％が「仕事を辞めたい」と思っています。「いつも思っている」人が11.9％もいます。その理由は、やはり「賃金が安い」ということと、「仕事が忙しすぎる」ということに集中しています。

出所：日本医療労働組合連合会、2008年

定に際しては、いかにして安定的に人材を確保し、専門職として処遇し、その能力を高めていくかという観点に考慮して、検討がなされることを望みたい」としています（厚生労働省「介護労働者の確保・定着等に関する研究会中間取りまとめの概要について」2008年）。

感情が商品になるとき

感情労働を分析したホックシールド（アメリカの社会学者）の著書『管理される心――感情が商品になるとき』（世界思想社、原著1983年、訳本2000年）から、感情労働について考えてみたいと思います。

〈感情労働の調査研究〉

19世紀の工場労働者は「肉体」を酷使されましたが、対人サービス業に従事する今日の労働者は「心」を酷使されていると、ホックシールドは述べています。ホックシールドは対極にある客室乗務員と集金人という仕事の感情労働について調査をしました。以下、著書から抜粋して紹介します。

＊　　＊　　＊

■デルタ航空の客室乗務員

客室乗務員の職務は、顧客の重要性を強調し、飛行機の中に「安全で家庭的な雰囲気」を笑顔で与え続ける仕事である。デルタ航空は、機内業務訓練プログラムは業界で最高であり、労組がないため、会社側の要求が拡大する。客室乗務員は外部の世界に触れないよう、空港に住み込みで4週間の研修を受け、厳しい研修により、どの航空会社よりも質の高い感情労働を身につけることを要求される。

※同じ客室乗務員でも、女性と男性では感情労働の求められ方が異なる。

女性客室乗務員は2種類の主役を演じることが要求される。

①食べ物を与え、他人のニーズに対処する――愛すべき妻や母親の役割。

②きちんとした身なりで初対面の男性たちと接触し、洗練された理性的な態度を取り、家庭から遠く離れている「魅惑的なキャリアウーマン」の役割。

男性客室乗務員の場合は、男性がどれほど若くても、客には、その男性がキャリアや管理体制を通じて労働者の感情活動をある程度支配するのである。

■集金人

客室乗務員は〈顧客の地位の高さ〉を強調することが要求される仕事であるが、その対極として、集金人の職務は、顧客の立場を徹底的に引き下げる、未払い行為は債務者の〈地位の低さ）であることを強調し、債務者を辱め威圧するなどの脅しを演じる感情スキルを磨くことが求められる。

感情労働が求められる職業は、客室乗務員と集金人という極端な例の中間に多数存在し、それらは共通する特徴を備えている。

①このような職種では、対面あるいは声による顧客との接触が不可欠である。

②それらの従事者は、他人のなかに何らかの感情の変化――感謝の念や恐怖心等――を起こさせなければならない。

③そのような職種における雇用者は、研修や管理体制を通じて労働者の感情活動をある程度支配するのである。

う思い込みがあり、管理職としての役割が求められる。

〈感情労働とは〉

感情労働とは「相手に適切な感情を感じてもらえるよう外見上の表情を維持するために、感情を誘発したり抑制したりすること」である。感情労働においては求められる「あるべき感情」が規定されていて（たとえば「やさしく親切に笑顔をもって接すべき」など）、これを「感情規則」と呼ぶ。労働として感情を抑制することを「感情作業」や「感情管理」という。感情管理の方法には「表層演技」と「深層演技」の2つがある。

「表層演技」とは、本当の感情とは異なっても、表面上は感情規則に則って表情（偽りの自分）をつくること。「深層演技」とは、感情規則を身につけ、あるべき表情や態度で仕事ができるよう、感情労働スキルを磨く、非常に高度な技術。自分の感情に働きかけて自分のなかに適切な感情をかき立てようとする作業である。深層演技を身につければ、自己と仕事との役割を健康的に切り離すことができるようになる。

資本主義諸国全般にいえることであるが、サービス産業の台頭により、アメリカでは労働者全体の38・1％（女性全体の55・2％、男性全体の27・7％）が感情労働に就いている（1970年資料）。

(A・R・ホックシールド)

＊　＊　＊

以下、少し長いですが、公務現場あるいは教育現場での仕事にかかわる内容ですので、論文から一部抜粋して紹介します。

＊　＊　＊

「感情労働─見えない労働」を職務ファクター（要素）にするために

■スタインバーグの研究と実践

ホックシールドの研究をベースに、J・スタインバーグ（アメリカの社会学者）は、「感情労働に従事する女性たちの多様な現在の職種について、評価の枠組みを設計する技術的な試み」という研究を行いました。スタインバーグは、感情労働に伴う実際の任務、活動、労働条件を測定するための新たな一連のファクター（要素）の設計を含む、ジェンダー中立な職務評価システム（Gender Neutral Job Evaluation System：以下、GNJES）を構築し、実際にカナダ・オンタリオ看護師協会（ONA）がハルディマンド・ノーフォーク（HN）の行政当局に対して起こした訴訟（89年）において、5万4000人の看護師が従事する仕事の評価について詳細な調査研究を実践しました。

ペイ・エクイティは、歴史的に女性が従事してきた仕事に対する認識不足や不充分な報酬によって生じる、賃金格差の是正を目的とするものである。歴史的に女性職とみられた職務内容を積極的に評価するために、新たな職務評価システムを設計しなければならない。とりわけ見過ごされてきた感情労働についての調査研究が必要である。既存の評価システムでは、すべての評価要素で、"管理的な職種、より複雑で技術的な情報を持っている人、決定したことの代償の大きさ"などに重いウエイトが置かれている。金銭や設備の管理、部下の管理といったものほど高い評価に結びつけられている。

女性が従事するケアワークなどサービス業での感情労働は非常にスキルの高い、かつ避けられない労働であり、よりジェンダーニュートラルな職務評価を実現するために、再構築が必要である。

1 職務評価における感情労働

● 感情労働を職務評価のなかで可視化させ、職務評価システムを再設計する

組織的な目標の達成や組織の生き残りといったことに同調的でない仕事に従事する労働者に支払いがないことは賃金差別である。感情労働の本来保障されるべき要件を不可視にしていることが、ジェンダーによる賃金格差を生み出している。

● ファクター（要素）のカテゴリー（ベース）

技　能　教育訓練、技能の更新、技術的な熟練、組織固有の知識、対人関係技能、コミュニケーション技能、肉体的な技能

努力（負担）　問題の複雑性、肉体的な要求に対するもの、精神的な要求に対するもの、感情的な要求に対するもの

責　任　企画立案・組織化・開発などの調整・監督、情報や資源に対する責任、顧客・居住者、患者、また市民の良好な生活に対する責任

労働条件　労働環境、危険（度）、仕事における重圧・ストレス

2 地方自治体の仕事における感情労働

対人関係技能には、部下を管理するために必要な技能も含まれるが、それとともに、他者に効果的に接する、他者をケアする、ある いは他者の感情や行動の決定を導き出すのに影響を与えるといった技能も含まれる。機転、養育、指導、カウンセリング、面接、説得等が不可欠な職務であるが、伝統的な職務評価では、このような技能が過小評価されてきた。

①対人関係技能

◆対人関係技能の複雑性のレベルの設定

〔レベルA〕

事実に基づいた情報についての話し合い。一般的な丁寧さが求められる。顧客や一般の人への接触は偶発的なもので、職務上必要なものではない。

〔レベルB〕

洗練された丁重さ、良好な関係を促進・維持すること、信頼を構築し、信用を維持すること、組織のイメージを維持するための一般の人との関係をうまく処理することが求められる。利害対立の調整管理は付随的なものにとどまる。

〔レベルC〕

顧客や一般の人の興味を引き出すこと、助言・指導すること、訓練、同情を寄せる、共感する、理解し合うといった立場を求められるが、それほど困難ではない。

〔レベルD〕

相当な機転、忍耐強さ、理解力、人に自信を持たせること、同情を寄せること、直接サービスを提供するなかで共感したり理解し合えること、扱いの難しい状態や非協力的な状態の人を慰めることができること、生活の質に影響を与えるような新たな情況が生じた場合、顧客を導くことが求められる。説得の技術、ネットワーク技術、グループダイナミクス（集団力学）の理解力が必要とされる。あるいは、公共の場において、感情的な課題を扱うこと、デリケートな政治の課題やその他の感情的な課題を超えて、外のグループに対して広く相談にのるようにすることや、難しい状況のなかで他の者を規制することも求められる。

〔レベルE〕

この職務が従事者に求める対人関係技能

は、顧客や一般の人々の福祉風土をつくること、福祉への参加を確立すること、デリケートで物議をかもすような問題をめぐる感情的、態度、発育的に厳しい変更を通じて、顧客を指導し、導くことと結びついたものである。また、人々がかなりの苦痛である状態、瀕死や重病の状態、怒りや錯乱の状態、麻薬に犯された状態、あるいは予測できない肉体的な暴力によって人々が収拾のつかないような状態にあるとき、慰めな安心を与える能力が必要とされる。

②コミュニケーション技能
コミュニケーション技能では、書く、話す以外の、読む、聴く、言語によらないもの、他の言語の使用など多様な形がある。聴くというスキルは感情労働測定の中心である。
「ひどくコミュニケーションが損なわれているような顧客や、理解度にばらつきがあるようなグループに対して情報提供することがづかれることがなかった。そうでない顧客やグループに対するコミュニケーション技能よりも、はるかに高いコミュニケーション技能が求められる」
既存の評価システムは、対人関係技能について、管理的な職種ほど対人関係技能がより複雑であるという仮定で定義づけられている。同様に、コミュニケーション技能は、より複雑で技術的な情報を扱うほど、より複雑なコミュニケーション技能を必要としていると、資源の洗練度で定義づけしている。
これらの定義は、感情労働をそのような技能に結びつけるように考えないばかりか、むしろ、組織された階層における地位や技術的な能力を高く評価している。よって、再設計の必要性がある。
コミュニケーション技能の必要性、顧客の理解度に応じてコミュニケーションの複雑度を変えなければならない程度など、多様性の観点から区分される。

③感情的な努力（負担）
感情的な努力（負担）は多くの職務における重要な構成要素であるにもかかわらず、気づかれることがなかった。感情的な職務ファクター（要素）は、厳しさ、頻度、持続時間、累積する感情的な努力（負担）——補助する、教える、ケアする、慰めるといった顧客のニーズを直接満たすことが求められるよ
うなもの——の効果の度合いを把握するものである。これは、感情的な要求を持つ顧客の状況において、どれほどの頻度で働いているのかをはかる。障がいを持つ人々、心理的に厳しい問題を抱え苦しんでいる人々、トラブルや危険を恐れている人々、継続的に痛みを抱えている人々を含む。

◆感情的な努力（負担）のレベルの設定

［レベルA］
友好的な人々をたまに扱う

［レベルB］
たまに、デリケートで物議をかもすような状態にある人々を扱うが、感情的に問題があり、危険であるような人物や麻薬やアルコールの影響を受けているような個人やグループを扱うことはない。

［レベルC］
定期的に難しい人やかなり忍耐を要求されるような感情的に問題のある人を扱う。また、麻薬やアルコールの影響を受けているような人々に直接働きかける。

［レベルD］
麻薬常習者やアルコール中毒者を含む肉体上の危険を持つ、予測できない敵意を抱

く、暴力的であるといった人物やグループを扱う。あるいは常に痛みにさらされていたり、死の危険と直面しているような人々、きわめてデリケートで、高い割合で物議をかもすような環境で働く人々に直接働きかける。

[レベルE]

高い肉体的危険を持つ、予測できない敵意を抱く、暴力的であるといった人物やグループを定期的に扱う。また、死に直面した人々や家族の世話をしたり、きわめてデリケートな問題について話をすることを通じて、そのニーズに直接触れる仕事に従事する。

的な福祉に影響を与えるものであり、従業員のネガティブな接し方が、顧客の良好な状態を害することにもなる。

ファクター（要素）は、顧客の良好な状態を確保するために、「情報を伝える、訓練する、アドバイスする、教える、世話をする、顧客の行動を規制する」などを含む「責任」を測定するものである。ファクターのレベルは以下のように区分されている。

●責任の範囲…顧客のニーズや状態に応じて「最小限の」「並みの」「不可欠の」「重要な」「充分な」

●顧客の状態の重大さ…「短期のニーズ」「緊急に効果が求められる状態」「緊急のサービスが必要な状態」「命に危険が迫っている状態」

＊　　＊　　＊

④顧客の良好な状態に対する責任

感情労働における固有の責任が認識されることはほとんどない。伝統的な職務分析においては、責任ファクター（要素）では決定されている。

〈ONAの訴訟における裁判所の判断（1991年）〉

①もし技能、努力、責任、労働条件が通常の仕事の遂行に必要なものならば、それらの要素は、雇用主が認めるかどうかにかかわらず、組織にとっていかに価値があるかを評価するものにしなければならない。

②コミュニケーション技能の項目として、重病人や虚弱な患者、薬を必要とする状態の患者、あるいは機能の低下した顧客への対応に求められるような技能が入っていない。

③エイズプログラム、性教育、家族計画といった社会的、政治的にデリケートな問題に配慮しながら接触することをその要件に含んでいない。

④家族への支援における感情的な側面と同様、家族、死という肉体的、感情的、心理的な側面についても認識が不足している。

⑤ONAとHNがそれぞれ新たな職務評価システムを開発するか、システムを重要な問題に敏感なものに改定する必要がある。

＊　　＊　　＊

カナダ・オンタリオ看護師協会（ONA）の行政当局（HN）に対しての訴訟は、GNJESを実施させることはできませんでしたが、裁判所は一定程度、感情労働を評価するための道筋を示しました。スタインバーグの研究と実践によって感情労働を目に見えるものにしたことの意義は大きく、女性が担ってきた「見えない」感情労働を評価することに

たことの代償の大きさに重いウエイトがおかれている。つまり、金銭や設備の管理、部下の管理といったものほど大きな責任が求められるとされてきた。しかし、看護師の職務は、患者との関係を通して肉体的、心理的、経済

よって、賃金是正へとつながる基礎をつくったのです。

実践編

具体的な実践の必要性

日本でも職務評価制度を確立するために、具体的な実践を通して労働組合はじめ労働者個人が力をつける必要があります。ケアワーカーの当事者たちや研究者の間で、職務評価への取り組みが全国で少しずつ始まっています。さまざまな職場や職種で事例検討を重ね、その成果を交渉手段にして実際に賃金格差是正を勝ち取ることができれば、運動はより一層確信を持って広がっていくと思います。

社会的評価の低かった女性たちが、これまで可視化されなかった感情労働を含む職務の価値を自ら分析し、職場で仲間たちと一緒に客観的に評価し合うことにより、自己尊重と仕事に対する自信を回復し、性別職務分離による不当な賃金格差を解消する道筋をつけるのだと確信します。女性労働者が自分の仕事に誇りを持ち、自信を取り戻すことは、職場で声を上げ、処遇改善要求の運動につながることになるのです。

女性の労働を可視化するペイ・エクイティは、女性の人権を求めるフェミニズム運動の一環です。日本でもフェミニズムの視点からペイ・エクイティ運動を進め、労働運動全体に広げていく必要があります。

カンタン職務評価

日本の労働者は、職種や雇用形態を問わず、日常的に自分の仕事の構成について考えたり、その仕事を遂行するためにどのような知識や技能が必要とされ、精神的・肉体的負担が伴うのか、あるいは責任の重さや労働環境等について、見直す作業をほとんどしません。職務賃金を取り入れている欧米では、入社時点で個人の職務分類が明確にされていますが、日本の雇用慣行では、専門職を除く仕事の大半が、たまたま配属された部署で与えられた仕事をOJTによって習得しながら経験を積むというシステムを取っているため、公正な職務分析・評価がなされていないのです。

自分の仕事を分析し評価し直すことは、アンペイド・ワークも含めて自分の生活全般(家事や育児はなぜ不払いだったのかなど)を振り返る契機にもなります。

「職務の価値」を知るために、自分の職務について、ワークシートを使って考えてみましょう。

職務評価にはさまざまな方法がありますが、「得点要素法」は、欧米各国を中心に世界中でもっとも多く使われています。

カンタン職務評価は、得点要素法の手法を使った職務評価をワークショップで体験できる形にしたものです。ただし、これは職務評価の手法を理解するためのシミュレーションですので、実際に職場で実施する場合は、職務内容についての詳細な議論と検討が必要です。

その手順を説明します。

〈性に中立な職務評価を行うために〉

職務評価に用いるファクター(要素)とサブファクターについて説明します。

大きな評価要素は、①知識・技能、②精神的・身体的・感情的負担、③責任、④労働環境の

図表1　ホームヘルパーの例

1) 職務を職務項目（職務アイテム）に分ける
　　ワークシート１

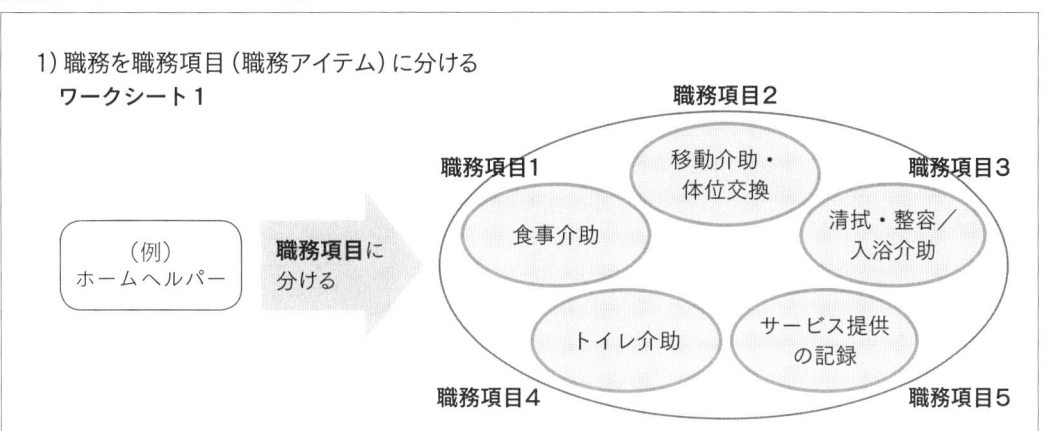

（例）ホームヘルパー　→　職務項目に分ける　→
- 職務項目1　食事介助
- 職務項目2　移動介助・体位交換
- 職務項目3　清拭・整容／入浴介助
- 職務項目4　トイレ介助
- 職務項目5　サービス提供の記録

2) 職務項目を記述する
　　ワークシート２
　　　１）で分けた職務項目を３）の要素で評価するために、どんな職務なのかを、項目ごとにできるだけ詳細に記述する。

3) 評価要素にウェイトを配分する
　　技能・負担・責任・環境の４大要素（４大ファクター）に基づいて、ウェイトを決める。
　　ウェイトは４要素で100％、１要素250点、合計を1000点とする。

４大要素とその内訳（サブファクター）

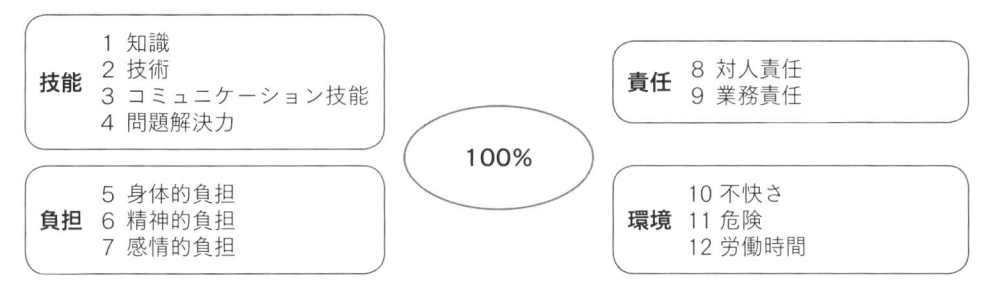

技能
1. 知識
2. 技術
3. コミュニケーション技能
4. 問題解決力

負担
5. 身体的負担
6. 精神的負担
7. 感情的負担

100％

責任
8. 対人責任
9. 業務責任

環境
10. 不快さ
11. 危険
12. 労働時間

4) 配点表を使ってレベル分けし、点数化する
　　ワークシート３
　　　２）で書いた記述により各要素のレベルを決定（たとえば、技能25％⇒得点250点）。12の要素の得点の合計が、その**職務項目の得点**となる。

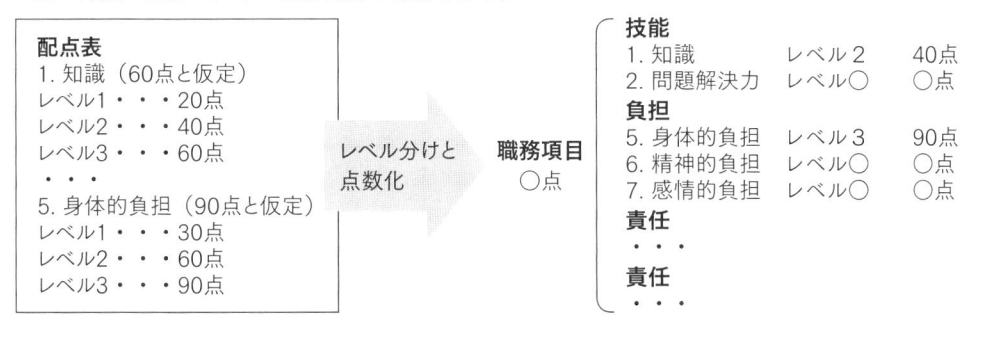

配点表
1. 知識（60点と仮定）
　レベル1・・・20点
　レベル2・・・40点
　レベル3・・・60点
　・・・
5. 身体的負担（90点と仮定）
　レベル1・・・30点
　レベル2・・・60点
　レベル3・・・90点

→　レベル分けと点数化　→　職務項目　○点

技能
1. 知識　　　　レベル2　　40点
2. 問題解決力　レベル○　　○点

負担
5. 身体的負担　レベル3　　90点
6. 精神的負担　レベル○　　○点
7. 感情的負担　レベル○　　○点

責任
・・・

責任
・・・

5) 主要5職務の得点の平均点を出す
　　　１）で分けた職務項目を同じように点数化し、合計して平均点を出す。

4つです。これまで、女性職において見落とされてきた要素に注目することが重要です。

1　知識・技能
（職務の遂行に必要な知識と技能）

サブファクターには、分析力、コミュニケーション技能、コンピュータ操作技能、創作技能、財務会計にかかわる技能、対人関係、機械操作に必要な知識・技能、器用さ、組織力、問題解決力などが含まれます。

◆女性職の評価において従来見落とされてきた項目

・数種の異なる事務機器を操作し、保全するために必要な技能
・機器または計測器からの情報を読み取るために必要な技能・能力
・タイピングまたはグラフィック・アートに必要な手先の器用さ、キーボード操作のスキル
・作品の校正または編集
・文書を作成する技能
・新人スタッフの訓練および指導
・対人関係のスキル…問題のある子どもや大人と接すること、感受性、言葉以外でのやり取りも含めたコミュニケーション、適正な環境を創出する方法を知っていること、悩みを抱え、困難な状況にある人の相談にのること
・非公式の打ち解けたなかでの研修や、他の人々との仕事の調整
・利用者のニーズに応えるために、自分の感情をコントロールして、冷静さを保つこと
・病人や高齢者、子どもたちとの対応における精神的負担
・複数タスク…精神面で気を使わなければならない仕事を同時にいくつもこなすこと（看護師、事務職、介護労働、保育士など、女性の仕事の多くは一度にいくつかのタスクをやりくりすることを必要とする）

2　負担

①精神的負担

職務遂行に必要とされる注意深さや集中力の程度およびその負担が持続する時間の長さを測定します。サブファクターには、集中による聴覚・視覚・精神的な緊張、集中力、病人の看護や苦情への対応に要求される精神的負担、文書の読解、コンピュータの注視などが含まれます。

◆女性職の評価において従来見落とされてきた項目

・長時間にわたる集中（コンピュータ作業、実験、製造工程での作業など）
・限定的な動き、ぎこちない作業体制、2、3の筋肉を繰り返し使うこと、規則正しく何度も軽いものを持ち上げること
・工場内での目と手を同時に使う、連動的で複雑な作業

②身体的負担

職務における身体的活動量の程度（軽度・中度・重度）と、その持続時間と頻度を測定します。

サブファクターには、同一姿勢の持続、人や物を持ち上げたり下ろしたりする作業、キーボード操作、作業の速度などがあります。

◆女性職の評価において従来見落とされてきた項目

・歩行（たとえば、生産ラインの監督）
・立ち続ける（レジ係や店員）
・クーラーの冷え、食品製造の熱など
・重たい物、動いていたり、弱っていたり、痛がっている人を持ち上げること

「女も男も」2010年秋・冬号 No.116　48

③感情的負担

仕事上で対応する他人の状況が、職務遂行者にどの程度のストレスを引き起こすかなどを測定します。他人との接触や仕事をするときの状況を考慮します。サービス業全般に必要不可欠な、繊細で、感情的に疲れさせる負担（常に笑顔でいるなど）があります。また感情的負担は、感情的な苦しみを引き起こすものであり、職務遂行者を、動揺させ、悲しませ、怒らせることもあります。

・利用者が、末期患者、虚弱、虐待を受けている、野宿、瀕死状態など何らかの形でめぐまれない状況にある
・敵意を持つ利用者、暴力的な利用者への対応

3 責任（職務遂行に必要な、責任の程度）

サブファクターには、企画立案、職務の機密性、仕事上の決定、品質管理、製造工程、財政的・人的・情報および物的資源、人事上の管理監督、仕事上の失敗がもたらす結果、安全維持、他人の安全と健康の管理、チームワークなどがあります。

4 労働環境（肉体的、心理的環境における不快さや不潔さ、危険に晒される頻度と程度）

サブファクターには、煙・油・汗・尿などの不快な物質、有害物質、事故の危険、高温または低温、過酷な天候、騒音、単調さなどがあります。

◆女性職の評価において重要な項目

・患者、子どもまたは施設に収容されている人々の世話をする場合の精神的な支援、緊急時の手順の心得
・従業員の記録や税務データを含む情報を外部に漏らさないこと
・チームで仕事をする場合に担っている役割を果たすこと
・機密情報の守秘義務と取り扱い
・上司不在のとき、緊急事態に対応すること
・大小さまざまな会議の管理と開催
・仕事のスケジュールやプロセスの調整
・道具、機器、計器などの説明責任（管理）
・組織内のあらゆるレベルの人々に、情報を提供または収集すること

◆女性職の評価において従来見落とされてきた項目

・病院や施設における患者の看護または託児所での子どもの世話により、疾病に脅かされること
・事務所、店舗、機械類、または病棟の清掃
・苦情から生じるストレス
・騒音…機器からの騒音、仕切りのないオフィス、プライバシーの欠如
・不規則で予想のできない労働時間
・洗剤で肌荒れするなど、腐食性物質や材料に晒されていること
・言葉の暴力（パワーハラスメント）

【参考文献・資料】
● A・R・ホックシールド『管理される心──感情が商品になるとき──』世界思想社、原著1983年、訳本2000年
● ロニー・J・スタインバーグ「職務評価における感情労働──賃金慣行の再設計」《論文》1999年
● ペイ・エクイティ研究会『平等へのチャレンジ』1996年
●「ジェンダー平等戦略のいま」『女性労働研究』47号、2005年
● 均等待遇アクション21京都「ペイ・エクイティの実践講座ハンドブック」2007年
● 沖藤典子『介護保険は老いを守るか』岩波新書、2010年

ワークシート1

〈書き方〉
- ワークシート1では、職務を、職務項目に分ける作業をします。
- 項目は仕事によっては15〜20項目、またはそれ以上あるかもしれませんが、1日の仕事の流れ、1週間、1カ月単位でみて、主要職務と考えられる5項目を書き出してください。わかりにくい場合は、全部書き出してみることから始めてみてください。
- 主要職務とは、担当する業務内容の質的重要性（負担、スキル、責任等）と、費やす時間的・量的重要性（その職務を遂行するために、日々どれくらい時間をかけるか、あるいは負担の大きさ等）を持つものです。

職務評価　ワークシート１

現在の職務

従業員数（職種・雇用形態別に）と男女比：

どんな研修や教育を受けましたか？　いつ　　　　　　期間　　　　　　　内容

●あなたの職務（仕事）を、項目ごとに分類してください。

1.
2.
3.
4.
5.

ワークシート2

〈書き方〉

　分類した職務を分析します。ワークシート1から、評価したい職務項目を選んでください。
　前記のファクターの説明を頭に入れながら、職務内容について、具体例をあげて説明してみましょう。たとえば、**6．精神的負担**：パニック時の自傷他害、食事時の窒息、骨折、発作など、それぞれの利用者の障がいや症状によって注意が必要、などです。

職務評価　ワークシート2

1．知識（教育・保育・介護・看護に関する知識、医療の知識、法律の知識、外国語、パソコン等）

2．仕事の手際（速さ、正確さ、安全の確保）や機材・機器の操作の技能

3．コミュニケーション技能（交渉、説得、指揮、気配り、チームワーク）

4．問題解決力（問題が発生した際に、その解決に求められる判断や行動のレベル）

5．身体的負担（重いものを運ぶ、立ち仕事、同じ姿勢、同じ仕事の持続や反復）

6．精神的負担（複数の仕事を同時にこなす、精神的緊張の持続、集中力、注意力、作業の遂行や機器の操作）

7．感情的負担（利用者のニーズを満たすための努力〈自分の感情を調整し、抑える〉、ケアする、教える、説得するなど）

8．他人に対する責任（他の従業員、利用者、住民などの安全や健康、財産、精神状態などに対して）

9．業務に対する責任（仕事上のミスが及ぼす影響、損失の程度、人材育成と管理など）

10．環境の不快さ（暑さ寒さ、騒音、煙、非衛生など）

11．危険（事故の危険、有害物質、業務上の病気や怪我など）

12．労働時間の不規則性（早出、遅出、夜勤、残業、休憩が取れないなど）

ワークシート３

〈書き方〉
- ワークシート３では、ワークシート２の記述をもとに、要素ごとにレベル分けしていきます。
- カンタン職務評価では、レベルはすべて３段階で、レベルの記述も抽象的なものになっています。
- 正確に評価するには、職場や職務の実態にあわせて５段階程度の具体的なレベルの記述が必要ですが、３段階のレベル分けでも、充分意味のある評価が可能ですし、実際に職場で運用する場合もわかりやすいです。どのレベルにするか迷ったときは、高いほうのレベルに評価しておきましょう。あとで修正することができます。
- 各要素の各レベルに配点が書いてあります。選んだレベルの点数を得点のところに書き込んで、すべての要素の得点が決まったら、それを合計します。合計点が、この職務項目の得点です。

職務評価　ワークシート３

ファクター	サブファクター	項目	レベル	レベルの説明	配点表		得点
知識・技能 25%	仕事に関する知識	1	1	3カ月以上1年未満で習得できる	70	25	
			2	1年以上3年未満で習得できる		45	
			3	3年以上で習得できる		70	
	仕事の手際や機器の操作などの技能	2	1	3カ月以上1年未満で習得できる	60	20	
			2	1年以上3年未満で習得できる		40	
			3	3年以上で習得できる		60	
	コミュニケーション技能	3	1	日常生活と同程度のコミュニケーションが必要	60	20	
			2	機転・気配りなどの対応を必要とする		40	
			3	非常に高度なコミュニケーション技能が必要		60	
	問題解決力	4	1	作業手順や前例に従えば解決できる	60	20	
			2	前例の応用や経験を活かして対処し、解決できる		40	
			3	これまで蓄積した自らの高度の判断や創造力を活かして解決できる		60	

※ 知識・技能の合計：250

負担 25%	身体的負担	5	1	日常活動と同程度で、重くはない	250	90	30	
			2	ある程度の負担を伴う			60	
			3	負担は重い			90	
	精神的負担	6	1	日常生活と同程度の負担がある		80	30	
			2	ある程度の注意力と集中力を持続的に必要とする			55	
			3	緊張が常に持続的で、高い注意力と集中力を必要とする			80	
	感情的負担	7	1	負担はあまりない		80	30	
			2	負担はある程度ある			55	
			3	大きな負担がある			80	
責任 25%	対人責任	8	1	責任は間接的である	250	125	40	
			2	直接的責任が伴う			85	
			3	非常に重大で、直接的な責任がある			125	
	業務責任	9	1	仕事上のミスは、他の業務にあまり影響は与えない		125	40	
			2	仕事上のミスは、他の業務に影響を及ぼし、修正のために労力を要する			85	
			3	仕事上のミスは、社会的な信用も含め、大きな影響を及ぼす			125	
労働環境 25%	不快さ	10	1	不快さを感じることはあまりない	250	90	30	
			2	不快さをしばしば感じる			60	
			3	継続的に不快さを感じる			90	
	危険	11	1	危険はあまり感じない		80	30	
			2	危険をしばしば感じる			55	
			3	継続的に危険を感じる			80	
	労働時間	12	1	業務は所定内労働時間でほぼ終わる		80	30	
			2	労働時間は時折不規則である			60	
			3	労働時間は常に不規則で、夜間や早朝勤務が時折ある			80	
計					1000	計		

ワークシート4

〈書き方〉
- ワークシート4では、ワークシート3の配点を変えてみます。
- ワークシート3は、どのような職務にも使えるように、知識・技能、負担、責任、環境の4つの要素のウェイトを等分し、各要素の内訳にも、ウェイト（％）や点数（合計点1000点）を等分しています。しかし、各職場での職務内容は異なりますので、等分になることはありません。環境よりも技能が重要な職務の場合、環境に10％（100点）、技能に35％（350点）としたり、責任のなかでも、業務責任よりも対人責任が重要な職務の場合には、対人責任15％（150点）、業務責任10％（100点）とするなど、遂行する職務にあった配点を考えてみましょう。

職務評価　ワークシート4

ファクター	サブファクター	項目	レベル	レベルの説明	配点表			得点
知識・技能	仕事に関する知識	1	1	3カ月以上1年未満で習得できる				
			2	1年以上3年未満で習得できる				
			3	3年以上で習得できる				
	仕事の手際や機器の操作などの技能	2	1	3カ月以上1年未満で習得できる				
			2	1年以上3年未満で習得できる				
			3	3年以上で習得できる				
	コミュニケーション技能	3	1	日常生活と同程度のコミュニケーションが必要				
			2	機転・気配りなどの対応を必要とする				
			3	非常に高度なコミュニケーション技能が必要				
	問題解決力	4	1	作業手順や前例に従えば解決できる				
			2	前例の応用や経験を活かして対処し、解決できる				
			3	これまで蓄積した自らの高度の判断や創造力を活かして解決できる				

負担	身体的負担	5	1	日常活動と同程度で、重くはない				
			2	ある程度の負担を伴う				
			3	負担は重い				
	精神的負担	6	1	日常生活と同程度の負担がある				
			2	ある程度の注意力と集中力を持続的に必要とする				
			3	緊張が常に持続的で、高い注意力と集中力を必要とする				
	感情的負担	7	1	負担はあまりない				
			2	負担はある程度ある				
			3	大きな負担がある				
責任	対人責任（利用者）	8	1	責任は間接的である				
			2	直接的責任が伴う				
			3	非常に重大で、直接的な責任がある				
	業務責任	9	1	仕事上のミスは、他の業務にあまり影響は与えない				
			2	仕事上のミスは、他の業務に影響を及ぼし、修正のために労力を要する				
			3	仕事上のミスは、社会的な信用も含め、大きな影響を及ぼす				
労働環境	不快さ	10	1	不快さを感じることはあまりない				
			2	不快さをしばしば感じる				
			3	継続的に不快さを感じる				
	危険	11	1	危険はあまり感じない				
			2	危険をしばしば感じる				
			3	継続的に危険を感じる				
	労働時間	12	1	業務は所定内労働時間でほぼ終わる				
			2	労働時間は時折不規則である				
			3	労働時間は常に不規則で、夜間や早朝勤務が時折ある				
計					1000	計		

BOOK GUIDE
ブックガイド

労働の対価としての賃金は尊厳と結びついている

京ガス男女賃金差別裁判
なめたらアカンで！女の労働
──ペイ・エクイティを女たちの手に

屋嘉比ふみ子著／明石書店
1,890円（本体1,800円）

　これは、本誌「はじめに」と「PART2」の著者・屋嘉比ふみ子さんの「京ガス男女賃金差別裁判」のたたかいの記録である。と同時に、職場での苦闘や組合活動その他の運動を通じての経験、多くの人たちとの交流、そして子育てを含む生活者としての生き様が描かれた、ひとつの物語である。

　本書は、入社から男女賃金差別裁判の提訴までを描いた第Ⅰ章、ペイ・エクイティを求めた裁判闘争（高裁での「勝利和解」まで）を記述した第Ⅱ章、第Ⅲ章、京ガス裁判闘争の意義について述べた第Ⅳ章、そして、第Ⅴ章　京ガス倒産争議、という構成になっている。とりわけ、第Ⅱ章、第Ⅲ章で多くの頁に挿入されている『きり通信』の「原告のひとりごと」からの抜粋はおもしろい。『きり通信』とは、京ガス裁判闘争を支援する会の会報である。この記事からは、怒り、喜び、不安、呆れ……そのときどきで著者が何を感じ、考えてきたのかが、ダイレクトに伝わってくる。

　それにしても、入社以来、著者に加えられた嫌がらせの数々は凄まじい。その嫌がらせに屈しない著者を、会社は、総務部から会社の屋台骨である建設部へ配転させる。研修や訓練の一切ないまま、著者は「現場通い」で業務を自力習得。そして「年間60件、金額にして13億円以上の入札工事を、すべて滞りなく応札」するまでになる。

　著者自身が「原告の仕事に依拠する会社と被告の利益を何より優先させる原告」と書き「京ガス事件の特殊性」として指摘している部分だが、私も本書を初めて読んだとき、こういう部分には違和感があった。「被告会社」の仕事を、ここまで精力的にこなすのはなぜか？（「仕事を取り上げられたくないばかりにワーカホリックになった」とはいえ……）

　しかし、よく考えれば矛盾はない。熱心に仕事をこなす著者に、会社が賃金差別をするから、著者は「原告」にならざるを得なかったのだ。労働の対価としての賃金は、尊厳と直接に結びつくものだから。

　2006年11月、京ガスは倒産する。前年、賃金差別事件で勝利和解を勝ち取りつつも、格差是正の措置をとらなかった会社に「おんな労組」の組合員として抗議中だった著者は、企業内組合（親睦会である職組と現場の男性だけの労組）に請われて倒産争議をともにたたかうことになる。「事業閉鎖」の通達は、一気に3組合を近づけた。そして、職場占拠闘争へ。

　職場占拠闘争は、半年後終結する。会社から組合員への自立支援金と、「屋嘉比事件」の賃金差別解決（和解解決以後の賃金是正と退職金差額の支払い）を勝ち取る形で。自立支援金は、組合員33名が全員一律で分配された。初めての均等待遇の実現である。

　著者は、こう振り返る。「倒産争議を通じて男女差別の犯罪性を男たちが少しでも理解し、はじめて連帯し合えたことがこの争議をより美しい形の解決に導く要素となった」と。

（新舘衣吹）

PART 3

均等待遇の実現に向けて
——厚生労働省の『職務分析・職務評価実施マニュアル』を検討する

禿あや美
(跡見学園女子大学教員)

均等待遇の重要性の高まり

近年、均等待遇への注目は非常に高まっています。これまでは、労働問題の研究者やジェンダー問題に関心のある人々以外には、それほど関心を持たれていなかったように思います。しかし、この数年でそうした状況は変わり、幅広い分野の人々が注目するようになりました。その背景には、2000年代に急激に進行した日本社会の格差問題の深刻化があります。その問題を解決する有力な手段として、さまざまな分野の研究者（財政学や政治学、経済学など）が、「均等待遇」、あるいは「同一価値労働同一賃金」「同一労働同一賃金」を実施することが重要であると言及するようになりました。その結果、日本政府も均等待遇や均衡処遇の導入を進めることを、さまざまな文書で宣言するようになっています。

たとえば2010年6月18日に閣議決定された「新成長戦略」の33ページには、「同一価値労働同一賃金に向けた均等・均衡待遇の推進」をするとあります。2008年に改正パートタイム労働法は施行され、さらに厚生労働省は、パート労働政策のひとつとして『職務分析・職務評価実施マニュアル』を2010年に公表しました。この『マニュアル』は不充分なもので多くの問題点はあるものの、労働政策に「職務分析・職務評価」を正式に導入し、均等待遇への道を整備しようとするものとして注目すべきものです。

このように、現在の日本では、均等待遇を進めるべきか否かを議論する段階は過ぎ、具体的にどのように進めていくかを論じる段階にあるのです。

なぜ、均等待遇が必要なのか？
―― 社会制度の国際比較研究から見えたこと

現在の日本では、少し前には考えられなかったことですが、ワーキングプアや貧困という言葉が一般的に使われるようになりました。同時に、正社員の長時間労働やストレスフルな労働環境も深刻化してきています。それにもかかわらず、平均給与は減少し続けています。国税庁「民間給与実態調査」によれば、2009年の平均給与は405万9000円で、前年より23万7000円も下がりました。つまり、正社員であろうが、非正社員であろうが、日本の働く人々が全体としてつらい状況に置かれており、しかもそれは悪化していると多くの人々が実感する状況なのです。

同時に、現役世代の労働環境の悪化は、少子化の進展に拍車をかけ、次代の社会の担い手を減らしていることも、社会の先行き不安を深めています。高齢化の進展は、医療・介護の費用負担を増やすため、財政悪化は避けられません。日本社会には解決すべき難問が山積しているのです。

こうした社会状況を受け、どのようにすれば悪循環から抜け出し、よりよい社会になるのか、諸外国の社会制度との比較を通じて、日本の将来像を模索する研究が進められてきました。これらの研究で明らかになってきたのは、よりよい社会の基礎には「均等待遇」がある、ということだったのです。

均等待遇は、単に働く人々にとってメリットがあるというだけではなく、グローバル経済下の競争に負けない強い経済の基盤でもあり、強い財政の基盤ともなるのです。それは、

オランダやデンマークなどの国において、経済成長と財政や、社会保障の安定・充実とを両立できているのはなぜなのかを明らかにするなかでわかってきました。これらの国の政策の特徴は、「フレクシキュリティ（フレキシビリティ【柔軟性】とセキュリティ【保障】を足した造語）」（注1）にあります。この両者をつなぐのが「均等待遇」なのです。

（注1）フレクシキュリティ政策のポイントは、筆者の理解によれば、次のとおりである。グローバル化した競争のもと、サービス産業中心の経済構造を持つ先進国では、企業の倒産、失業はめったに起こらないこととはいえない状況にある。こうしたなか、均等待遇がしっかりしていれば、労働者は、解雇のリスクを受け入れる代わりに、賃金差別を受けず、労働時間も柔軟に選択でき、ライフスタイルの多様性を享受できる。企業は、賃金差別をしない代わりに、柔軟な労働力編成を実現させられる。政府は労使双方をバックアップすべく、失業保険や職業訓練などの支給と差別の監視を行い、介護や医療も充実させる。財政支出は多いものの、納得性の高い制度を実現することによって、納税を促進させる。企業も労働者も政府も互いが"いいとこ取り"をするのではなく、それぞれに果たすべき役割を重視するモデルである。

日本の制度上の課題

「同じ価値の仕事をしている労働者には、同じ賃金を支払うべきだ」という同一価値労働同一賃金原則は、私たち市民の普通の感覚からみても正しいことではないでしょうか。逆に「同じ仕事をしているのに賃金に差があるということは、不公正であり、納得できるものではありません。したがって、この同一価値労働同一賃金原則は、ILO100号条約や175号条約（パートタイム労働に関する条約）等において具体化され、世界で守るべき原則として認識されています。多様な雇用形態の人々が安心して働くためには、その根本である「働きに報いる」という原則に立ち返ることが求められているのです。

では、具体的にどのような手段を用いて均等待遇を実現させていけばよいのでしょうか。実は、日本では均等待遇を具体的に進める手段の研究が遅れています（注2）。それだけでなく、企業における取り組みも、労働組合での「具体化」への議論も、急激に変化する状況に対応できていません。また、近年のパートタイム労働に関する政策の流れについ

ても、本稿で後に紹介しますが、後手にまわっていることは明らかです。したがって、全体として均等待遇を具体化するための議論が充分とはいえません。

なぜそのような状態に陥っているのでしょうか。その背景には、日本の賃金決定システムの問題があります。日本では戦後、「この仕事を担当する人にはこれくらいの給与」という考えではなく、「勤続年数が何年だったらこれくらいの給与」あるいは「何歳だったらこれくらいの給与が必要」といったように、仕事ではなく人の経験や年齢に対して賃金を支払う考え方が続いてきました。つまり、現在行っている仕事と賃金支払いを一致させず、終身雇用の下で長期的に勤続することを前提にして、長い目でみて働きぶりと賃金支払い総額が一致するようにしてきたのです。

したがって、こうした賃金のあり方は、同じ正社員のなかに賃金格差をつくってきました。とくに顕著なのは、若手とベテランの賃金差の大きさです。日本では勤続年数に応じて賃金が上昇する傾向が強いので、両者が同じ仕事をしていたとしても、若手の賃金は低く、ベテランの賃金は高くなります。この場

合、若手は不満を持ちますが、自分も勤続を重ねれば、いずれ賃金が上昇するから今は我慢しようと、自分を（無理にでも）納得させることができました。また、ベテランの側からすると、自分も若いときは低い賃金でも頑張って働いたのだから、その分を今取り戻しているのだ、という意識が働くでしょう。総じて、正社員のなかだけで、そして長期的な勤続が当たり前の会社では、そうした賃金制度でも従業員の納得性は保つことができました。

しかし、現在は状況が違います。経済環境の変化は早いため、自分が定年になるまで会社が順調に経営されている保証はありません。年々給与が増えるわけでもなく、失業してしまうかもしれないのです。給与の高いベテラン社員から退職させようとする企業は多く、若いうちの我慢が報われない可能性がかなり高くなってきました。

加えて、非正社員の人数が雇用者全体のうちの3割、女性に至っては5割を超えるまでに増加している現在、同じ仕事をしている非正社員の賃金を「非正社員だから低くてもしかたがない」、と放置するのでは、人々の納得が得られなくなってきました。仕事の内容に見合った賃金を支払う、という考え方は、正社員のなかでも、必要不可欠な状況になってきたといえるのではないでしょうか。

したがって、「どの仕事にはいくら支払うのが妥当か」ということを判断する基準づくりを早急に行う必要があります。日本で均等待遇を実現するためには、その基準づくりから行わねばならないのです。

(注2) 注目すべき研究に、ペイ・エクイティ研究会『商社における職務の分析とペイ・エクイティ』1997年、森ます美『日本の性差別賃金──同一価値労働同一賃金原則の可能性』有斐閣、2005年、がある。

均等待遇の具体的手法
──職務分析・職務評価

では、その基準づくりの具体的な形はどのようなものでしょうか。仕事の価値を判断する手段が、「職務分析・職務評価」です。「仕事の価値に見合った賃金を支払う」ためには、仕事の価値を測定する必要があります。まず仕事の内容をしっかり分析する「職務分析」を行い、その上で仕事の価値を測定する「職務評価」を実施します。

この職務分析・職務評価の手法として、代表的なものは「序列法」「分類法」「得点要素法」「要素比較法」の4種類です(注3)。そのうち、世界でもっとも広く使われる手法は「得点要素法」です。これは、仕事の困難度や責任などの複数の要素に基づいて職務を評価し、職務の価値を「得点」として示す方法です。

「得点要素法」として世界的にも広く活用されているのが、ヘイ・コンサルティング・グループによるヘイ・システム(注4)、マーサー・ヒューマン・リソース・コンサルティングによるIPE、日本においてはリクルート・マネジメントソリューションズによるJOES(注5)という手法です。これらはいずれもコンサルティング企業が開発した手法なので、その情報は秘密になっており、概要しかわかりません。コンサルティング会社がそのノウハウを無料で外部に公表することは考えられません。加えて、有力なコンサルティング企業がいくつもあるように、職務分析・職務評価の方法は「ひとつの正解」しかない

わけではなく、産業や職業、企業の実情に合わせ工夫を加えるものであり、試行錯誤が必要なものなのです。

本来、労働組合こそが、職務分析・職務評価の研究に取り組む必要があります。しかし、現状では、労働組合には職務分析・職務評価に関する情報は不足していて、労使交渉上においても不利となるでしょう。

筆者（禿）は、共同研究によって、得点要素法に基づく職務分析・職務評価を、2003年から2006年に実施しました。この共同研究の特徴は、3つあります。それは、①小売業と医療福祉職で実際に職務分析・職務評価を実施したこと、②イギリスの法制度を研究し、紛争解決システムを分析したこと、③日本に必要な具体的な法律改正案や職務評価システムの提案を行ったこと、です。本稿では、この最新の研究結果の一部を紹介することによって、職務分析・職務評価の具体像を皆さんにも考えていただきたいと思います。

（注3）「序例法」とは、各職務をもっとも簡単なものからもっとも難しいものまで序列をつけるものであり、もっとも初歩的な手法である。仕事の序列はわかるが、それぞれの仕事の価値がどの程度異なるかについては判断できない。「分類法」とは、あらかじめ設定したいくつかのグレードに、各職務を振り分けする手法である。「得点要素法」は本稿で紹介する職務評価の方法で、評価点数を世間相場と関連づけて賃金額を決めるな政策や法律改正案については、書籍に詳しく書いてありますので、ぜひご覧ください。

（注4）ヘイ・コンサルティング・グループ「職務と人その新しいデザイン ヘイシステムによる総合的人的資源管理の考え方」『賃金事情』No.674～681号、1992年、笹島芳雄『アメリカの賃金・評価システム』日本経団連出版、2001年、および『最新アメリカの賃金・評価制度』日本経団連出版、2008年を参照。

（注5）株式会社人事測定研究所「HRR職務評価システム JOESの概要」『賃金事情』臨時増刊2297号、1997年を参照。

最新の研究成果からわかったこと

筆者も参加した研究プロジェクト（以下、PE科研費研究会）（注6）では、均等待遇を実現化するための手法である「職務分析・職務評価」調査を、小売業の3つの企業と、医療・福祉職（看護師、施設介護職員、ホームヘルパー、診療放射線技師）を対象に行いました。

ここでは、筆者も担当した小売業での調査結果（注7）を用いて、均等待遇を実現する具体的な手段とデータを紹介したいと思います。調査プロジェクトの全体像や、実際に行う上での具体的な注意点、今後の日本に必要

（注6）研究代表者・森ます美（昭和女子大学）によるプロジェクト「日本における同一価値労働同一賃金原則の実施システムの構築──男女平等賃金に向けて」（科学研究費補助金、基盤（B）課題番号18310168、2003～2006年度）。PEとはpay equityの頭文字で、科研費とは、日本学術振興会研究助成金の名称のこと。本稿で用いるデータは、この共同研究の成果である。

（注7）小売業の職務評価調査回答者は、正社員127名、管理職のパート188名、一般のパート590名、合計905名である。

■職務評価の基準づくり

職務分析・職務評価では、「知識・技能」「責任」「負担」「労働環境」の4つの側面から職務を評価し、「点数」を算出します。この4つの要素は世界的にも広く採用されているものです。しかし、この4つの要素だけでは基準

として粗いため、この4つをさらに細分化しています。

図表1は、PE科研費研究会が設定した、小売業の職務評価基準です。図表の左列に4つの要素をそれぞれ3つずつに細分化し、合計12の職務評価要素（サブファクター）を示しています。この12の要素は、小売業の特徴を踏まえ、PE科研費研究会が設定しました。

この基準づくりのために企業の人事制度を調べたり、労使双方にインタビューしたり、現場で働く労働者の意見を聞いたり、労働者へのアンケート調査によって「自分たちの仕事をどのような観点から評価してもらいたいか」を尋ねたりしました。この基準については、調査に協力していただいた小売業の労組役員と労働者にも確認してもらっており、ある程度の納得が得られる基準であると思います。この図表1については、後ほどさらに詳しい解説を加えます。

■職務の詳しい分析

さて、このような職務評価基準をつくる上でもっとも重要なのは、職務分析を行うことです。職務評価基準が、その産業や企業の職

図表1　小売業の職務評価基準（PE科研費研究会）

ファクター	ウェイト（%）	評価レベルと得点				最高得点計
4大ファクター・12サブファクター	100.0					1000
（1）仕事によってもたらされる負担	20.0	レベル1	レベル2	レベル3	―	200
1．重量物の運搬・継続的立ち仕事などによる身体的負担	8.0	20	50	80	―	80
2．人間関係や仕事に伴う精神的ストレス	6.0	20	40	60	―	60
3．時間の制約に伴う精神的・身体的負担	6.0	20	40	60	―	60
（2）知識・技能	32.0	レベル1	レベル2	レベル3	レベル4	320
4．仕事関連の知識・技能	13.0	60	85	110	130	130
5．コミュニケーションの技能	10.0	50	80	100	―	100
6．問題解決力	9.0	40	70	90	―	90
（3）責任	30.0	レベル1	レベル2	レベル3	―	300
7．商品管理に対する責任	10.0	30	70	100	―	100
8．人員の育成・管理に対する責任	10.0	30	70	100	―	100
9．利益目標の実現に対する責任	10.0	30	70	100	―	100
（4）労働環境	18.0	レベル1	レベル2	レベル3	―	180
10．転居を伴う転勤可能性	6.0	0	30	60	―	60
11．労働環境の不快さ	6.0	20	40	60	―	60
12．労働時間の不規則性	6.0	20	40	60	―	60

出所：森ます美・浅倉むつ子編著『同一価値労働同一賃金原則の実施システム』有斐閣、2010年。
第3章第1節・禿あや美「販売・加工職の職務評価システム」執筆箇所より。

務を正しく評価できるものであるかどうかは、その職務内容を具体的に分析することを通じて、その産業や企業の仕事に見合ったものに設定しているかにかかっているからです。PE科研費研究会では、スーパーマーケット店内の7つの部門（水産、畜産、農産、デイリー〔牛乳等〕、ドライ〔乾物等〕、惣菜、レジ）の職務を分析し、その内容をリストアップしました。

図表2は水産部門の職務リストで、12の職務を設定しています。このリストは最終案で、ここに至るまでには議論やインタビューを重ねました。リスト漏れの職務があってはならないため、当初は51の職務をリスト化しました。インタビューを何度も行うことによって、店舗では実際にはやっていないものを削除したりして、12の職務にまとめることができました。このように、具体的で詳細な職務分析を行うことによって、図表1のような職務評価基準をつくっているのです。

■ 点数とレベルの設定

次に実施したのが、レベルと点数の設定です。図表1の右列にある「評価レベルと得点」がそれです。職務の価値を点数として表記するためには、それぞれの職務評価要素を難易度の簡単なものから難しいものまでレベル設定し、それぞれに点数をつける必要があります。PE科研費研究会では、レベル3～4の設定を行いました。

図表1の「ウェイト」というのは、職務評価要素（ファクター）にどれだけの比重をかけるかを示したものです。インタビュー調査等を踏まえると、現場労働者は「知識・技能」をもっとも重視し、次に「責任」を重視していたので、「知識・技能」に32％のウェイト、「仕事によってもたらされる責任」には30％のウェイト、「仕事によってもたらされる負担」には20％、「労働環境」には18％のウェイトを設定しています。このウェイトに基づき、点数を設定します。

職務評価では通常1000点満点で計算するため（図表1の右上）、それにウェイトを掛け合わせると、「仕事によってもたらされる負担」は最高点200点、「知識・技能」は320点、「責任」は300点、「労働環境」は180点となります。それをさらに12の細分化した職務評価要素（12サブファクター）ごとに、レベルに合わせて点数を付与してい

図表2　小売業・水産部門の職務リスト（PE科研費研究会）

Ⅰ	生産・加工業務	：	①加工
			②盛りつけ・パッキング・値つけ
			③発注管理・荷受け・検品・保管
			④備品等の安全・衛生管理・清掃
Ⅱ	販売業務	：	⑤挨拶・対応・販売促進・苦情対応
			⑥棚割表の作成・修正
			⑦陳列作業・鮮度管理・売り切り作業
			⑧棚卸
Ⅲ	部門管理業務	：	⑨予算・売場・稼働計画の作成
			⑩計画達成の振り返り
			⑪パート採用・部下の教育・勤務管理
			⑫会議の主催・参加

きます。

図表1の設定では、すべての要素で「レベル1」に回答した場合340点となり、これが最低点となります。逆に、すべての要素を「レベル3（ないし4）」に回答すると、最高点1000点となります。このレベルと点数の設定は、職務評価対象となる産業や企業、職業の特徴に合わせ、労働者の納得のいくものにする必要があります。

■ 職務評価を実施する

以上のような道具立てに基づき、職務評価を実施します。PE科研費研究会では、アンケート調査票を郵送し、職務評価を実施しました。まず、労働者に対して、図表2にあった12の職務のうち、「自分が担当している仕事」と「主に担当している仕事」を選んでもらいます。そして、図表3の定義に沿ってレベルを一つひとつに対して、レベルを選んでもらいました。さらに、その12の個々の職務とは別に、「あなたの担当する仕事全般」に対して、一括してレベルを選んでもらいました。このアンケート実施時は、図表1の点数は労働者には開示しておらず、定義に沿って自分の職務を判定してもらいました。

この PE科研費研究会では、職務評価をアンケート調査で実施したため、現場労働者が理解しやすいように、非常にシンプルかつコンパクトな定義を採用しています。この定義は、異なる職務であっても適用できるというやりかたもあります（例：ヘイ・コンサルティング・グループ）、職場の責任者など5、6

■ 職務評価基準の明確化

次に行うのが、職務評価基準の定義を明確にすることです。図表1の職務評価要素（ファクター）は、タイトルだけではどのようなことを示しているかがわかりませんから、具体的な定義をする必要があります。その定義の一部分を示したものが図表3です。

職務評価は、必ずしも労働者へのアンケートで行う必要はありません。職務評価基準を熟知している調査者が、職場を観察しながら客観的に総合的にレベルを判定するというやり方もありますし（例：ヘイ・コンサルティング・グループ）、職場の責任者など5、6人で充分文案を練る必要がありますし、誤解が生じることを避けるために、詳細に記述することが必要になると思います。

図表3　小売業の職務評価要素とレベルの定義（PE科研費研究会）

（1）仕事によってもたらされる負担

〈1〉**重量物の運搬・継続的立ち仕事などによる身体的負担：**
仕事が身体に及ぼす負担の大きさをはかります。体が冷える、暑さによる体力の消耗なども含みます。
　　　レベル1．身体への負担はあまりない。
　　　レベル2．身体への負担はある程度ある。
　　　レベル3．身体への負担はとてもある。

〈2〉**人間関係や仕事に伴う精神的ストレス：**
職場の人間関係や顧客への対応など仕事がもたらす精神的ストレスの大きさをはかります。
　　　レベル1．精神的ストレスはあまりない。
　　　レベル2．精神的ストレスはある程度ある。
　　　レベル3．精神的ストレスはとてもある。

―以下省略―

名へのアンケート調査によって、職場全体の職務評価を行う方法もあります（例：リクルート・マネジメント・ソリューションズ）。

PE科研費研究会では、現場の労働者が自分の職務を直接判断するアンケート調査方式で行いました。この回答結果を集計し、図表1の点数に基づいて計算すると、職務評価点を算出することができます。

■職務評価点の算出

職務評価点を算出したところ、図表4のような結果になりました。正社員が担当している「仕事全般」に関する職務評価点は755・5点、店舗で管理的業務を担当する管理職のパートは698・6点、一般のパートタイマーは586・2点です。正社員の点数を100とすると、その比率は「正社員：管理職のパート：一般のパート」＝「100：92・5：77・6」となりました。正社員とパートタイマーの仕事の価値にそれほど差がないことがわかります。

他方で、実際にもらっている賃金額についても、アンケートで尋ねています。ボーナス込みの賃金を時給で示すと、正社員は215

図表4　職務評価点に見合った賃金額（PE科研費研究会）

	正社員	管理職のパート	一般のパート
仕事全般の職務評価点 （比）	755.5点 （100）	698.6点 （92.5）	586.2点 （77.6）
ボーナス込みの年収の時給換算 （比）	2153円 （100）	1377円 （63.9）	1024円 （47.6）
職務評価点に見合った賃金 （比）	2153円 （100）	1991円 （92.5）	1671円 （77.6）

出所：森ます美・浅倉むつ子編著『同一価値労働同一賃金原則の実施システム』有斐閣。
第3章第2節・小倉祥子「販売・加工7部門の職務の価値と賃金」執筆箇所に基づき作成。

3円、管理職のパートは1377円、一般のパートは1024円となります。首都圏近郊のスーパーマーケットで調査したため、時給が高く感じられるかもしれません。

そこで、職務の価値に見合った、本来受け取るべき時給を計算すると、正社員の時給を固定したままで考えると、管理職のパートは1991円、一般のパートは1671円となります。つまり、実際に受け取っている時給よりも600円程度高いものが、職務の価値に見合った賃金であると計算できるのです。

ちなみに、PE科研費研究会では、このような結果を調査対象者がどう思うのかについて、フォローアップインタビュー調査も実施しました。そこで出た意見は、「このような職務評価点は妥当であると感じる」「むしろ、管理職のパートはもっと高い点数なのではないか」というものでした。そして筆者も驚いたことに、正社員もそのような意見を持っていました。この調査は、店舗で働く店長や副店長などの、正社員の管理職は対象に含まれていないということも影響していると考えられますが、図表1のように、職務を評価する要素を12と細かく設定し、多面的に評価した

ことが、このように現場労働者も納得する点に回答が集中したものです。たとえば、雇用形態別にまとめたものです。たとえば、正社員であれば、「仕事関連の知識・技能」ではレベル3に回答が集中していたことがわかります。

PE科研費研究会では、さらに細かくさまざまなやり方で職務評価点の算出を行っていますが、そのすべてをここで紹介することはできないので、詳しい結果は書籍でご確認ください。

■職務評価からわかるその他の情報

職務評価を実施すると、単に職務評価点を算出できるだけではなく、職場に関するさまざまなデータを取ることができます。職務遂行上求められる必要な能力やスキルは何か、職場の労働力配置はどのようになっているか、難しい職務の特徴はどのようなものかなど、多岐にわたります。PE科研費研究会では、そのデータのすべてを分析しきれておらず、その有効活用を今後も考えたいと筆者は思っています。

さて、そのなかでもひとつ、興味深いデータをご紹介します。図表5は、回答者が担当している「仕事全般」に対する回答結果を用いて、12の職務評価要素のうち、どのレベル

に回答が集中したのかを、雇用形態別にまとめたものです。たとえば、正社員であれば、「仕事関連の知識・技能」ではレベル3に回答がもっとも集中し、「コミュニケーションの技能」にはレベル2に回答が集中していたことがわかります。この表を眺めると、多くの職務評価要素において、雇用形態の違いにかかわらず、回答レベルが一致していることがわかります。三者で回答レベルが一致しているものは、12の職務評価要素のうち5つに上ります。そして、正社員と管理職のパートが一致しているものは10にもなっています。逆に、回答レベルが一致せず、正社員がもっとも高いレベルになっているものが、「人員の育成・管理に対する責任」で、正社員の回答はレベル3、管理職のパートはレベル2、一般のパートはレベル1です。また「転居を伴う転勤可能性」について、正社員はレベル2（転居を伴う転勤可能性）、パートはレベル1（可能性は低い）に分かれました（注8）。このように、「責任」と「転居転勤」は、正社員とパート労働者の違いが表れやすい要素であることが確認できるのです。このことは、次に見る政府のパートタイム労働政策に

おいて重要な意味を持っています。

(注8) ちなみに、レベル3は「転居を伴う転勤可能性は大きい」であったが、これを選択した人は正社員でもごくわずか（124人中5人だけ）であった。

厚生労働省の『職務分析・職務評価実施マニュアル』の検討

では、正社員と非正社員の均等待遇を進める具体的施策は、どのようなものになっているでしょうか。1993年に制定された「短時間労働者の雇用管理の改善等に関する法律（通称・パートタイム労働法）」は、2007年に改正、2008年4月に施行され、均等待遇や均衡待遇に関する新たな規定が設けられました。

同法8条において、通常の労働者と同じ仕事をし、同じ働き方をしており、人材活用の仕組みも同じである、ごく一部のパート労働者（パート労働者のうち4〜5％程度のみ）への差別が禁止されることとなりました（均等待遇）。これに該当しないパート労働者に関しては、9条1項において、通常の労働者

図表5　回答が集中したレベル：仕事全般に対する職務評価点より（PE科研費研究会）

（レベル）

	負担			知識・技能			責任			労働環境		
	重量物の運搬・継続的な立ち仕事による身体的負担	人間関係や仕事に伴う精神的ストレス	時間の制約に伴う精神的・身体的負担	仕事関連の知識・技能	コミュニケーションの技能	問題解決力	商品管理に対する責任	人員の育成・管理に対する責任	利益目標の実現に対する責任	転居を伴う転勤可能性	労働環境の不快さ	労働時間の不規則性
正社員	2	2	3	3	2	2	2	3	3	2	2	2
管理職のパート	2	2	3	3	2	2	2	2	3	1	2	2
一般のパート	2	2	2	2	1	2	2	1	2	1	2	1

との均衡に考慮しつつ、パート労働者の職務内容、成果、意欲、能力、経験を勘案し、賃金を決定することに努めるという、努力義務規定が設けられました（均衡処遇）。このように、通常の労働者とパート労働者の職務等が「同一」であるか否かを判断し、それに応じて対策がとられることになったのです。

そして、この均等待遇・均衡待遇を進めるための職務分析の手法や、比較を行うための指標（ものさし）として、厚生労働省は2010年に『職務分析・職務評価実施マニュアル』を公表しました（注9）。職務分析・職務評価が、具体的な政策手段のひとつとして位置づけられるようになったのです。

以下、その『マニュアル』の内容を紹介するとともに、検討していきたいと思います。

『マニュアル』によると、まず、(1)職務分析・職務評価のステップとしては、職務分析による情報の収集・整理を行うこととなっています。その際重視するのが、①業務の内容（主な業務と必要な知識や技能の水準）と、②責任の程度（部下の有無や権限の範囲、役割範囲等）が具体的にどの程度であるかを明確にすることです。その上で、次のステップとして、(2)職務評価を行います。まず、①正社員とパートの主な業務を比較し、同じか否かを見比べ、②さらに責任の程度を比較します。この2つのステップを通じて、最終的に、パート社員と正社員の職務の内容が「同じ」か「異なる」かのみが判定できることになっています。図表6は、この『マニュアル』に沿って判明する職務比較表の例を挙げておきましたのでご覧ください。

（注9）『マニュアル』については厚生労働省ホームページを参照のこと。http://www.mhlw.go.jp/bunya/koyoukintou/parttime/job_analysis.html

パート労働政策の課題

この『マニュアル』の一番の問題点は、パートと正社員の職務が「同じ」か「どの程度しか判断できず、「職務の違い」が「どの程度の賃金の違い」に結びつくのかが一切判断できないことです。働きや貢献に見合った待遇にしようにも、その程度が判断できなければ、あまり意味がないのではないでしょうか。

問題点の2つめは、比較対象となる職種や職務が狭すぎるということです。『マニュア

図表6　職務比較の一例

（比較例2）　小売店舗販売職の比較例

＊販売職のパート社員Cさんと正社員Dさんの業務の内容が、実質的に同じと判断された例です。

		パート社員（Cさん）		比較	正社員（Dさん）	
職種		小売店舗販売職			小売店舗販売職	
業務の内容		業務概要	取り扱う対象・範囲	実質的に同じ	業務概要	取り扱う対象・範囲
	主な業務	接客・レジ打ち	婦人服売場		接客・レジ打ち	紳士服売場
		品だし・陳列	婦人服売場		品だし・陳列	紳士服売場
		商品発注	婦人服売場		商品発注	紳士服売場
	必要な知識や技能の水準	数ヶ月の実務経験を積んで身につくレベル			数ヶ月の実務経験を積んで身につくレベル	

> パート社員Cさんと正社員Dさんの「主な業務」は「取り扱う対象・範囲」に違いがあり、一見異なるように見えます。このような場合、一見異なる業務であっても、**業務に必要な知識や技能の水準など**の観点から、**業務の性質や範囲が実質的に同じかどうかを比較**してください。

＊「業務の内容」が「実質的に同じ」と判断されたら、「責任の程度」が著しく異ならないかどうかを判断します。

責任の程度	権限	部下の有無	無	＜	有
		権限の範囲	確認・承認・決裁できる事項はない	＝	確認・承認・決裁できる事項はない
	役割の範囲		助言や指導は特に求められない	＜	業務遂行上のアドバイスを提供したり、相談に乗ったりする
	トラブル発生時や緊急時の対応		上位者に問題発生を報告することは求められるが、自分で対応するところまでは求められない	＜	上位者の指示を受けて、自分で対応することが求められる
	成果への期待の程度		ノルマ等の業績目標はなく、決められた通りにミスなく業務を遂行することだけが期待されている	＜	ノルマ等の業績目標があり、その達成度が評価される

→ 職務比較表の完成

→ 職務の内容は異なる

出所：厚生労働省『職務分析・職務評価実施マニュアル』20ページ
http://www.mhlw.go.jp/bunya/koyoukintou/parttime/job_analysis.html

先ほども述べましたが、PE科研費研究会の調査結果からわかったことのひとつとして、パートタイム労働者の違いが現れやすいところで、正社員とパート労働者の違いが「マニュアル」であったことをあわせて考えると、『マニュアル』はこのように中途半端なマニュアルしか作成できない要因は、これまでのパートタイム労働政策をめぐる政府の方針や議論の積み重ねに求められます。図表7（72ページ参照）は、パートタイム労働政策に関する経緯を簡単にまとめたものです。これを見てもわかるとおり、1993年に成立したパートタイム労働法は、1960年代からの長い議論を経て、経営者団体が反対するなか、ようやく制定されたものです。その実効性は成立当初から疑問視されており、その後もさまざまな研究会が労働省（現・厚生労働省）内に設置され、検討されます。

現在の『マニュアル』の方向性が定まったのは、2000年以降の研究会においてでした。これらの研究会が設置されていた時点では、現在のように日本の経済格差問題がそれほど表面化しておらず、ヨーロッパのフレキシキュリティ政策のような労働政策と社会保障政策をトータルに改革する視点もなかったため、現行の正社員の人事制度を邪魔しない範囲内で、部分的にパート労働者の処遇を改

ル」に掲載されている例を見ると、職務分析の結果、正社員の担当する主な業務が「機器の操作」「改善提案」「操業計画の立案・調整」「部下育成」「製造管理システムへの入力」という5つで、パート社員の主な業務が「機器の操作」「改善提案」「測定用サンプリングの収集」「設備保全」の4つであった場合、異なる業務を担当していると判断され、その時点で比較は終了し、次のステップである職務評価は行わない、とされているのです。正社員とパート社員の職務が「同じ」かしか判断しないという『マニュアル』の限界が現れています。これでは働きに見合った賃金を明らかにすることはできません。

問題点の3つめは、「責任」のみが過大に評価されていることです。『マニュアル』では、「業務の内容」を比較した上で、さらに「責任の程度」の違いを見ることによって、職務内容の異同を判断するとなっています。本稿でご紹介したPE科研費研究会の職務分析・職務評価では、「負担」「知識・技能」「責任」「労働環境」の4つの側面から職務を評価しましたが、『マニュアル』はそのうちの「責任」をピックアップしているともいえます。

最後に、この『マニュアル』にも記載されているとおり、この職務分析・職務評価は、もっとも初歩的な「単純比較法」でしかないということです。この『マニュアル』を作成したのは、世界的な人事コンサルティング企業で、独自の職務分析・職務評価システムをつくっているヘイ・コンサルティング・グループですから、厚生労働省の方針どおりのこのように単純なマニュアルしか公表しないことは、コンサルティング企業の信用にかかわると判断したのでしょうか。わざわざ付録として、職務評価の主な手法として、本稿でも取り上げた得点要素法（要素比較法）の職務分析・職務評価手法を紹介しています。

この『マニュアル』にあるような単純な方法にとどまるのではなく、いかに手法を洗練させ、高度化させていけるかが、今後のパートタイム労働政策の課題なのです。

ところで、このように中途半端なマニュアルしか作成できない要因は、これまでのパートタイム労働政策をめぐる政府の方針や議論の積み重ねに求められます。図表7（72ページ参照）は、パートタイム労働政策に関する経緯を簡単にまとめたものです。

善させることが前面に出たのではないでしょうか。

2010年に発表された『マニュアル』は、このように今から10年前の社会状況や認識の下に策定されたものです。政権も変わった今、現在の状況に適合した政策にブラッシュアップさせる必要があると考えます。

労働組合による研究・開発と発言力強化が不可欠

職務分析・職務評価の手法は、「性と雇用形態に中立に」「労働者が納得できるもの」で、「働きや貢献に見合った待遇」を実現するものでないと意味がありません。このような手法は、誰かに与えられるものではなく、自ら研究・開発していくことが必要です。そして、何かひとつの万能な基準があるわけでもなく、産業や職業、企業にあった基準やレベル、点数を決定することが必要なのです。

もちろん、職務分析・職務評価はあらゆる問題を一気に解決するものではありません。たとえば、賃金水準をこの手法で自動的に導き出すことはできません。あくまでも職務の相対評価が明確になるだけです。したがって、職務分析・職務評価を実施した結果、正社員の賃金が切り下げられる可能性もゼロとはいえません。職務評価がさらなる賃下げの手段にされないような、法律の条文での規制が必要になるとともに、労働組合の発言力強化が欠かせないといえるでしょう。そういった意味において、労働組合は職務分析・職務評価をしっかりと研究・開発する必要があります。

また、筆者ら研究者に課せられた課題は、職務分析・職務評価制度を、人事制度のなかでいかに位置づけるかをさらに考察することです。賃金制度のみならず、人材育成や採用制度などとの関連性を、さらに厳密に考察することも必要です。

均等待遇の具体的研究を、研究者のみならず労働者・労働組合も積極的に取り組むことは、ワーキングプアなどという悲しい言葉が使われず、若者が未来に希望を持って生きられる社会をつくっていくことにつながるのではないかと思います。

プロフィール

禿あや美（かむろ・あやみ）
1974年京都府生まれ。跡見学園女子大学准教授。最近の論文は、「小売業における雇用形態の多様化」大阪社会運動協会『大阪社会労働運動史』有斐閣、2009年、「ジェンダー平等社会と同一価値労働同一賃金」生活経済政策研究所『生活経済政策』No. 148、2009年5月。

図表7　パートタイム労働政策の流れ

年	会議・法律等	内容
1964年	婦人少年問題審議会 婦人労働部会	パート労働の検討の必要性を提起
1967年	女子パートタイム雇用に関する専門家会議	「女子パートタイム雇用の現状と当面の諸対策について」を発表
1969年	婦人少年問題審議会	女子パートタイム雇用の対策に関する建議を行う
1982年	労働省・パートタイム・プロジェクトチーム	パートタイム労働政策の方向性を提起
1984年	労働省事務次官通達（発基第97号）	パートタイム労働対策要綱の策定について発表
1988年	パートタイム労働専門家会議	公労使による会議において、コンセンサスを形成
1988年	パートタイム労働者の処遇及び労働条件等について考慮すべき事項に関する指針（労働省告示第39号）	労働省事務次官通達指針を、労働大臣告示に格上げ
1991年 〜 1993年	国会等においてパートタイム労働法の成立に向けた具体的議論	使用者側は立法化に反対
1993年	短時間労働者の雇用管理の改善等に関する法律（パートタイム労働法）の成立	
1997年	パートタイム労働に係る研究会	厚労省内に設置
1998年	女性少年問題審議会	短時間労働対策のあり方について（建議）において、正社員とパートの均衡を図る指標（ものさし）の形成の必要性について提起
2000年	パートタイム労働に係る雇用管理研究会	建議を受け、ものさしを作成するために設置された。職務の同一性を判断基準としつつ、同じ職務であっても能力や成果などの要素や、配置転換の有無や働き方の違いによって処遇を分ける方針が明確化
2002年	パートタイム労働研究会	均等処遇原則タイプと、均衡配慮義務タイプの２つの法案を検討し、目指す法改正として、同一職務・合理的理由なしのケースは均等処遇に、合理的理由があっても正社員と同じケースでは均衡配慮措置をとる、という組み合わせルールを明確化
2003年	パートタイム労働法指針の改正	通常の労働者との均衡を考慮した処遇の考え方を盛り込む
2006年 〜 2007年	均衡処遇の法制化に向けた提言	さまざまな会議等で均衡処遇の必要性が言及される。「労働政策審議会」「男女雇用機会均等法改正時の付帯決議（衆議院）」「経済財政運営と構造改革に関する基本方針（骨太の方針）」「再チャレンジ可能な仕組みの構築（中間取りまとめ）」経済財政諮問会議、財政・経済一体改革会議「経済成長戦略大綱」など
2006年	労働政策審議会雇用均等分科会	建議において、指針の法制化が提起される
2007年	パートタイム労働法の改正	14年ぶりの改正

PART 4

欧米における同一価値労働同一賃金原則の動向とILOのジェンダー中立的な職務評価方法

居城舜子
(常葉学園大学元教員)

はじめに――各界で注目を集めるようになった同一価値労働原則

2009年の日本における女性の平均賃金は、22万8000円（「賃金構造基本調査」、所定内給与）です。一方、男性の平均賃金は32万6800円であり、この男性の賃金を100に換算した女性の賃金の比率は69.8、これに週35時間以下の女性労働者を含むと50以下にまで低下します。経済先進国のなかでは、韓国と並んで日本の格差が格段に大きいのです。これに対して「女子差別撤廃条約」（日本は1985年に批准）の各国における履行状況を審査する国連の女子差別撤廃委員会は、日本政府に、男女同一賃金原則を謳った労働基準法4条をILO（国際労働機関）100号条約（同一価値労働同一賃金原則）に実質的に対応させる対策を取ることを勧告しています。

このような状況下で、政府は09年12月に閣議決定された「新成長戦略・基本方針」のなかで、女性を労働市場に積極的に組み込むとともに、非正規労働者の待遇の改善のために同一価値労働同一賃金（以下、同一価値労働原則と略）を推進すると述べています。さらに、2010年3月、厚生労働省は、改正パートタイム労働法に即して正社員との賃金における「均衡待遇」をはかるツールとして『職務分析・職務評価実施マニュアル』を作成しました。

他方、翌4月に同省は、こうした基調を嫌ったのか、非正規労働者の賃金を分析対象からはずした男女間賃金格差の対策を「変化する賃金・雇用制度の下における男女間賃金格差に関する研究会報告書の公表について」において公表しました。そして、7月、同省は「持続可能な活力ある社会を実現する経済・雇用システム」において、これら揺れ動く主張を包含して今後の制度設計を示しましたが、この一連のなかでは均等待遇や同一価値労働原則の論調は弱まり、「公正な待遇をはかる」という指摘にとどまってしまいました。

一方、日本経団連（日本経済団体連合会）は「2010年版経営労働政策委員会報告」（2010年1月）で、また経済同友会は「働く意欲にみちた社会の構築」（2010年6月）において、正規労働者と非正規労働者間の待遇差の是正に向けて、民間企業のなかで同一価値労働原則の議論ないし労使協議をすべきことを提言しています。

このように、同一価値労働原則は女性労働者ばかりか各界でも注目を集めるようになってきました。しかし、それらには同一価値労働原則に対する狭隘な理解や誤解が見受けられます。そこで本稿では、欧米の同一価値労働原則の含意や、さらには職務評価方法の目的やその仕組みと最近の動向について紹介し、同一価値労働原則についての誤解をとき、日本においてさらなる均等待遇を推進するための課題を示したいと思います。

欧米における取り組みの歴史と現状

職務評価方法が一段とレベルアップ

同一価値労働原則とは、性差別賃金を解消する男女同一労働同一賃金の延長上にある戦略であり、見た目も職務名も異なった労働であっても、同一価値の労働には同一賃金を適

用するという考え方です。女性比率の高い職務（女性職）をターゲットに男性比率の高い職務（男性職）をジェンダー中立的な職務評価方法によって評価した結果、得られた点数（価値）が同一のケースには同じ賃金を適用するというものです。いろいろなタイプの職務評価システムがありますが、職務の多様な側面をファクターの程度によって点数で評価する方法を用いるなら、ファクターが何であれ同一価値（点数）労働の職務を導き出すことができます。

しかし、既存の職務評価方法によると、ステレオタイプや伝統的な価値観で女性が従事している職務を評価するので、たとえば看護、介護、保育などのケア労働などや感情のコントロールを必要とする労働の側面などを不可視化したり、低評価する傾向にあります。そこで、これらの要素を評価することができるように、既存の職務評価をジェンダー中立的に組み替えるか、あらたに設計したジェンダー中立的な職務評価方法を女性たちは要請しました。

これは、職場における職務の序列や賃金体系が、ジェンダーバイアスに満ちているので

これを中立的に組み替え、職場の「ジェンダー賃金格差（Gender Pay Gap）」という広い概念を基準に、その縮小目標とその行程表を示しています。これは、同一価値労働原則や最低賃金、その他男女平等賃金に影響を与える要因を含めて格差解消をはかるという広い概念を使用しています。

ここでは、現時点での日本の課題とかかわって、同一価値労働原則に絞って紹介したいと思います。

同一価値労働原則の歴史

女性労働者にとって、男女平等賃金の要求は、20世紀初頭に英米で女性参政権が確保されて以降、今もって世界各国や日本においても最大の課題です。ここで取り上げる男女同一価値労働原則は、第一次世界大戦終結直後に成立したヴェルサイユ条約（427条7項）のなかの項目に組み込まれ、これをもとに成立したILOの労働憲章のなかにも明記されていました。

同一価値労働原則は、ペイ・エクイティ（衡平賃金）ともいわれていますが、積極的にこれに取り組んでいる国際公務労連は、ペイ・エクイティを最低賃金の引き上げも含めた広い意味で使用しています。またEUは、ジェ

ンダー賃金格差（Gender Pay Gap）という広い概念を基準に、その縮小目標とその行程表を示しています。これは、同一価値労働原則や最低賃金、その他男女平等賃金に影響を与える要因を含めて格差解消をはかるという取り組みは、100号条約が成立した1950年代や既存の職務評価を使って同一価値労働原則を実現した1980年代初頭の運動の内容よりも、質的に一段とレベルアップしたものといえます。

この方法は1980年代後半から開発され始めましたが、その先駆をなすのが、カナダ・オンタリオ州の看護師組合の事例です（図表7参照）。また、現時点での集大成がILOの職務評価方法のガイドブックです。前述の日本経団連や経済同友会の同一価値労働原則の理解は、これとは異なって部分的に同一労働同一賃金を導入するということのようですが（これは後述します）、20世紀初頭の考え方で、歴史を逆行させるものです。

ただし、当時の同一価値労働原則とは、同一労働に従事する男女であっても、女性保護等にかかる費用を用すると男性よりも女性雇用エクイティを最低賃金の引き上げも含めた広い意味で使用しています。またEUは、ジェンダー雇用コストが高くなるので、それらを差し引いた後に使

用者が受け取る金額（価値）が男性と等しい場合に男女平等賃金を支払うというものです。したがってこれは、同一労働でも男女別建て賃金になる可能性が高く、限定的な同一労働同一賃金です。男女別建て賃金が一般的な時代ですから、一歩前進ともいえますが、現在とはまったく異なるものでした。前述した日本経団連等の部分的同一労働同一賃金という見方は、こうした考え方に近い可能性があります。

今日のように、男女平等賃金を職務評価を基準にする考え方を具体化する取り組みは、第二次世界大戦中のアメリカに端を発しています。さらに、アメリカはILOにも働きかけ、100号条約（同一価値労働同一賃金原則、1951年）の成立に尽力します。また、アメリカはこの条約に職務評価を導入しようとしましたが、できませんでした。当時、ILOが行った職務評価研究の調査結果のなかで述べているように、職務評価への信頼性は各国にゆだねられていましても、条約の実施は各国にゆだねられていたから、その実効性には疑問がありました。今日においても、組織上、実施方法は各国に

ゆだねられていますが、職務評価に対する考え方は大きく変わってきています。

同一価値労働の適用に同一賃金法を修正したのは1983年、アメリカでも州法レベルで同一価値労働が本格的に導入されるのは、ミネソタ州の1983年以降です。

各国の男女平等賃金への取り組み

①1960年代から1980年代

第二次世界大戦後、アメリカでは、すでにいくつかの州でこの原則が導入されていたこともあって、女性労働者は同一価値労働同一賃金の要求をしてきましたが、論戦の末に、1963年に成立した男女同一賃金法は、同一ないし類似の労働に対する同一賃金を適用する規定にとどまっています。イギリスでも、1970年に成立したのは男女同一賃金法でした。

EU（当時EEC）は、すでに1957年のローマ条約119条で男女同一賃金を打ち出しています。これは、フランスがILO100号条約を批准していたので、ドイツとの駆け引きのなかでこの導入を迫ったといわれていますが、まだ形式的なものでした。欧州で同一価値労働原則が本格的に導入されるのは、1975年のEUの同一価値労働同一賃金指令（Directive75/117EEC）をきっかけに、1980年代に入ってからです。イギリスが

②1990年代以降のEUの取り組み

さらに、EUは欧州雇用戦略をまとめ、女性を積極的に労働市場へ包摂する政策を実施しますが、それに連動して処遇・賃金の平等戦略が次々と提起されます。1996年に、賃金決定当事者にジェンダー中立的な賃金システムの構築を要請する指針（Code of practice）やパートタイム指令が出されます。これを機に、EU加盟国は国内政策を強化しました。すでに憲法で男女平等賃金を規定しているEUは、それを改正・強化し、カナダ、スウェーデン、デンマークなどいくつかの国では賃金差別の発生を未然に防止する（プロアクティブ）対策を盛り込んだ同一価値労働法を導入し始めました。

EUはその後も、間接差別の定義を組み込んだ均等待遇の指令（2000/78/EC）、均等待遇を推進、監視する組織の設置の指令（2002/73/EC）、さらに、2006年にはこ

れまでの処遇や賃金の平等に関する各種の指令を統合（2006/54/EC）しますが、それには社会的パートナー、すなわち労使に対して均等待遇の促進のための社会的対話を推進する適切な対策をするべきことが組み込まれました。

また、その後、グローバリズムの影響もあってEUは雇用戦略を見直しますが、同時に、一向に進まない賃金格差の縮小のために、これまでの対策やその基礎理論を再検討しました。今まで広く受け入れられてきた男女の賃金差別に関する理論を再検討して、あらたな視点を確立し、それに対応した対策を始めています。

■賃金格差のジェンダー主流化戦略構築の必要性を提起

旧来の賃金差別論は、社会全体として、男女が学歴や仕事の経験などの人材としての特徴が同一で、かつ同じ職務（職務構造）についた場合に生じる男女の賃金格差を差別とみなす、という狭いとらえ方でしたし、厚生労働省の男女間賃金格差に関する報告もこのような見方でした。しかし、EUでは、直接的な賃金差別ではないが学歴や仕事の経験において埋め込まれた男女差も実はジェンダーが埋め込まれた社会経済的な過程をとおしてこれらが生じる格差なので、差別を過小評価せずにこれらを含めて格差解消をはかる戦略（ジェンダー主流化戦略）を構築する必要があるという主張をします。

そこで、その指標として、欧州統計局や加盟各国と協議して男女の平均時給を基準にしたジェンダー賃金格差を打ち出し、その解消の年次目標を定め、各国に実行を要請しました。そして、各国に対策に関する報告書の提出を求め、それを検証する試みも始まっています。同一価値賃金法を含めてEUが加盟国に求めるたくさんの立法上の対策は、すでに各国で完全に導入されています。

ただし、その適用と実施等、実効性に課題があるという報告が多数寄せられています。たとえば、少数ですが同一価値労働原則の規定がない国が存在します。また、EU法では労働協約に同一賃金原則を組み込むことが要求されていますが、組合は団体交渉に法が介入することを好まない傾向がみられます。したがって、その構造が男女の賃金格差を再生産している側面もあるので、労働協約の監視体制の強化が求められています。また、使用者に対しても均等待遇に関する情報や系統的な対策を取ることが課されていますが、賃金等の男女別統計が不充分なことや、賃金の情報公開がされていないことなどから、一部の国の事例にみられる平等監視を強化することが提案されています。

■各国の実施状況

すでにイギリスは、ジェンダー中立的な職務評価設計の指針を公表していますし、オランダ、ノルウェーを含む北欧諸国でも、チェックリストやソフトウェアによって非差別的な職務評価システムや賃金システムが確立しています。ただし、いくつかの国では、それらを開発するための国の指針がまだありません。

ノルウェーでは、2005年に、試験的にジェンダー中立的な職務評価の開発計画に取り組んでいますが、33カ国のうちスウェーデンを除いて大多数は、同一価値労働を比較する対象者の範囲を法的に定めていません。また、比較対象者の範囲を関連会社まで認めるイギリスやアイルランドを除いて、多くが会

社内に限定されていますので、比較対象者が見つからず、職務評価を実施できないという問題も抱えています。

EU加盟国以外でも、近年、カナダのケベック州では適用対象を拡大する改正を行っていますし、ニュージーランドは、公共部門において統一的な職務評価の実施に挑戦しています。

以上のように、EUをはじめ多くの先進諸国ではすでに立法上の同一価値労働原則が導入されています。しかし、それらを概観すると、法の実効性を高めるために、ジェンダー中立的な職務評価やその実施の監視などの対策が不可欠であることは明らかです。

EUは、賃金格差の解消が進まないので、同一価値労働原則ばかりでなく最低賃金制度や団体交渉など、賃金構造に直接影響を与える要因、さらにはそれ以外の間接的な要因にまで拡大して対策を検討し、その監視体制やチェック体制の強化に乗り出しています。これらは、日本の今後を検討する場合に参考になると思われます。

ILOのジェンダーに中立的な職務評価ガイドブックの紹介

ILOは、2007年に職場における平等を達成するためのグローバルレポート『職場における平等：課題への挑戦』を公表していますが、この行動計画の一環として、2008年に『公平の促進——平等な賃金実現のためのジェンダー中立的な職務評価：段階別ガイドブック』(マリー・テレーズ・チーチャ著)を出版しました。執筆者チーチャは、モントリオール大学教授で、カナダのケベック州のペイ・エクイティ法の改正・強化を諮問する委員会の委員長で、著名な同一価値労働原則の専門家です。

このガイドブックは、同一価値労働原則に取り組む労働組合や使用者の代表、さらに職務評価の担当者や訓練者を対象者にして、ジェンダー中立的な職務評価のいわば真髄と設計のしかたを示したものです。これに匹敵する類書は見当たりません。たとえば、イギリスの雇用均等委員会が使用者向けにジェンダー中立的な職務評価のつくり方を公表してい

ますが、これほど詳細でジェンダー中立にこだわったものではありません。これまでジェンダー中立的な職務評価については多大な費用と労力がかかり、また、労使の矛盾に満ちた環境下ではその実現が困難であるという見解が多かったのですが、同書によると、新しく簡便化された方法が開発され、実施も容易になり、これを活用することによって平等で効率的な社内人事を実現でき、多様な人材の活用の可能性があることが強調されています。

ここでは、このガイドブックのポイントと、必要な場合には他の事例も紹介し、職務評価を作成する場合の参考資料を提供したいと思います。

ガイドブックによると、同一価値労働原則に向けて以下の8つのステップが不可欠です。

1. 職務評価委員会の設置
2. 女性職と比較対象となる男性職の選定
3. 職務評価方法の選択
4. 職務データの収集方法の開発と職務データの収集
5. アンケート結果の分析

6. 職務価値の決定
7. 同一価値職務間の賃金格差の計算
8. 同一価値に対応した賃金の調整

1 職務評価委員会の設置

最初に、同一価値労働原則のプログラムの実施母体となる職務評価委員会を設置します。委員会は、賃金システムに埋め込まれた差別の確認とそれを排除する一連の作業を行うことを目的としています。そのメンバーは、企業規模にもよりますが、管理部門の代表者としての使用者、労働組合代表、非組合員代表などの各界の代表者から構成されます。

ただし、メンバー決定においては、以下のような留意点が示されています。①評価する主要な職務の知識を直接有している者、②このプロセスや評価ツールについてのジェンダーバイアスの有無等を認識し排除することを望む者、③直接的に関心のある女性労働者に重要な役割を担ってもらうこと、④女性労働者の代表は、もっとも女性労働者の多い職種から優先的に推薦された者で女性労働者の50％以上を代表する者がメンバーになることが望ましい、などです。ただし、筆者（居城）の調べたところによると、アメリカの公共部門の事例などには、フェミニストの専門家や学者がメンバーに加わっています。

なお、労使の代表には、この原則の実現は基本的な権利であって、労働協約交渉のような妥協や譲歩を前提とするものではないこと、また男女の利害の矛盾の可能性もあるので、この原則の実現と労働協約の交渉過程の両者を区別すべきことなどの注意が示されています。

メンバーはプログラムの実施に先立って、この過程全体のなかで生じるジェンダーバイアスやステレオタイプ、および職務評価方法やその手順等への理解を深める訓練を受ける必要があります。

2 女性職と比較対象となる男性職の選定

職務評価委員会は、最初に、①職務リストの分類表の作成、②女性職の決定、③厳密な決定基準の確定、④ジェンダーバイアスの有無の確認、⑤比較対象者が不在の場合の対策、などを行います。

この段階で注意することは、職務名が同じでも職務内容が異なる場合もあるので、すべての職務をその内容まで調べて分類表を作成すること、ケースによっては当該職務の現在の男女比を調べて現在の男女比ばかりでなく、過去の比率の推移を調査して判断すること、職場内の有期・非正規労働者の職務も組み込むこと、などです。

女性職とする基準は多くの場合、女性比率が60％か70％です。男性比較者が不在の場合、関連会社や同じ部門や産業レベルで同一賃金原則を追求しているケースを探して見つけます。

3 職務評価方法の選択

この段階では、①職務評価方法の選択、②サブファクターの決定、③サブファクターが女性労働の全側面を適切にカバーしていることの確認、④サブファクターの厳密性を確保する、⑤サブファクターが評価する基準の確定、⑥サブファクターのレベルの確定、⑦レベルの厳密性とジェンダー中立性の確保、⑧これらの方法が正確に記録ないし記述されているかの確認、などが行われます。

各種の職務評価方法がありますが、ILOは同一価値労働原則に適した分析的方法のうちファクターによって職務を評価する「要素点数法」（ここで紹介している方法）を推奨しています。企業のなかのすべての職務を評価するには、質、負荷、責任、労働条件の4つのファクターで充分であると指摘しています。なお、4ファクターによって評価する方法はアメリカやカナダに多く、欧州はやや異なります。

4ファクターをもとに、さらに評価する職務の多様な特質を明確にするサブファクターを決定します。多くの事例では、10〜16のサブファクターが用いられています。

サブファクターを選択する場合、組織のミッションに適応していること、また明確な定義をすること、女性職と男性職の内容を平等に評価する設計であることが重要です。

サブファクターとは、たとえば職務知識ならば、知識の深さと広さ、肉体的に不快な環境では、接する頻度・期間・質的特徴に基づいて明確に、その量的、質的特徴に基づいて明確に、かつ他のサブファクターと重複しないようにその基準を定義します。そして、その基準に応じてレベルを決定します。レベル数は通常4〜6がベストです。レベル数が少ないと職務間の違いが曖昧になり、多いと違いは明らかになりますが、賃金等の結果に及ぼす影響が大きくなるからです。ただし、検証されている場合を除き、男性職よりも女性職に低いレベルや少ないレベル数を配分することは、ジェンダー中立性に反するので回避すべきです。

のスキルは過小評価されてしまいます。同様に負荷ファクターも、ブルーカラーの肉体的な負荷ばかりでなく、事務労働（女性職）の肉体的負荷（ファイルボックスの収納等）や看護師の肉体的負荷とは別の感情的負荷（終末期の患者への対応など）などを評価する必要があります。

責任ファクターも、上位序列の職務ほど責任が重いと考えがちですが、顧客サービス部門の労働者は顧客情報を守る責任があるなど、どの職務にも多様な責任があり、それらが評価されなくてはなりません。

ジェンダー中立的な職務評価を設計するために、4ファクター別に女性職に関連するサブファクターと、女性職種名およびその業務の事例の一覧を紹介しておきます（図表1参照）。

4 職務データの収集方法の開発と職務データの収集

ここでは、ファクターの基礎となる職務の内容の情報収集の調査をします。その作業は、①データ収集の方法の決定、②そのツール（アンケート）の開発、③アンケートのジェンダー中立性、④厳密性の確保、⑤プリテストする職務の選択、⑥調査結果の分析、⑦従業員や監督者に対するアンケートの実施です。

アンケートのポイントは、調査対象者の主要な業務の記述と評価に関連する部分です。前者は、主要な業務を短文で、また業務のすべてを一覧にして、それに重要度をつけてもらうようにします。

もっとも重要な評価部分は、ファクターごとの資質に矮小化すると、その職務（女性職）が手先の器用さを必要とするのにそれを個人ではなく、職務要件を評価します。その職務担当者の器用さなどのような個人の資質スキルのことです。それが獲得される方法や質ファクターとは、職務に必要な知識やスキルのことです。

図表1　サブファクター別にみた女性職種と業務の事例

	サブファクターの種類	女性職種名	業務の事例
質	人間関係スキル（女性）	ソーシャルワーカー、看護師、人事担当職員	カウンセリング、インタビュー
		販売員	顧客ニーズの調査、ニーズの追跡調査
		先生	動機づけ、教育技術
	コミュニケーションスキル（女性）	電話販売員、販売員、顧客サービス担当、広報担当	外国語の知識
		秘書	文章校正、速記
	肉体的スキル（男性）	秘書	キーボード操作（手先の器用さ）
		看護師	注射を打つ
		裁縫	複雑な生地をかがる、縫う
		組立工	小さな電子部品や多種類のコードをつなぐ
負荷	感情的負荷（女性）	ソーシャルワーカー	虐待された子どもとの接触
		特別学級教員	障がい児の支援
		看護師	末期の患者との接触
		顧客サービス担当	苦情を抱えるかつ攻撃的な顧客との接触
	精神的な負荷（中立）	秘書、レジ担当	データ入力、文章校正、数字点検
		秘書	会議録の作成
		看護師、先生	多様なスキル
		翻訳者、通訳	長時間の集中力
	肉体的負荷（男性）	秘書	反復かつ速いキーボード操作
		秘書	書類の束や箱の持ち上げと移動
		秘書	棚に書類をしまうかもしくは探す
		幼児教育担当者、看護師	子どもや患者を抱き上げる
		ウェートレス	継続的に移動する、重たい物を運ぶ
		裁縫	長時間、反復的かつ速くペダルを踏む
		裁縫	完成した衣料品を持ち上げ運ぶ
		裁縫	長時間前かがみになる
		看護師	車椅子の患者を持ち上げ、押す
責任	人への責任（女性）	幼児教育担当者、先生、看護師	児童や生徒への助言や情報の提供
		幼児教育担当者、先生	子どもの安全の確保
	人材への責任（女性）	人事担当者	新入社員教育
		秘書	会議の設定
		人事担当者	人事政策の立案
	マル秘情報への責任（中立）	販売員、顧客サービス担当	顧客の概要一覧
		給与支払い担当	給与情報
		補充品の発注	納入業者の概要一覧
	お金への責任（男性）	買掛金部門メンバー	請求書の支払いと小切手を切る
		会計係	帳簿作成
	物への責任（男性）	秘書	事務所の設備（コピー機、コンピュータ、プリンター等）の使用、補修、
		秘書	必需品に対するニーズの把握と発注
労働条件	肉体的環境（男性）	秘書、電話交換手	目の緊張と筋肉の苦痛を伴う電子線を長期に浴びる
		受付係	適度なそしていつも騒音に曝されている
			コンピュータの電子線に曝される
		幼児教育担当	子ども、玩具、設備の騒音を浴びる
		幼児教育担当、看護師	伝染病患者に接する
		レジ係	スキャナーのような新テクノロジーに曝される危険
		レジ係	恒常的に騒音（レジ、顧客、電話）を浴びる
		商業施設の清掃担当	ゴミ、ほこり、汚物に曝される
	精神的条件（女性）	秘書	電話や応対による仕事の中断
		秘書	突然、予測できない結果への対応
		受付、電話交換手	職場でのプライバシーの欠如、単独業務
		幼児教育担当	モンスターペアレントとのやりとり
		レジ係	多様な不満を抱え困難な人々への応対
		レジ係	変則的な労働時間
		商業施設の清掃担当	野外での正規の労働時間
		商業施設の清掃担当	深夜労働や単独の労働による危険やセクハラ

出典：『公平の促進――平等な賃金実現のためのジェンダー中立的な職務評価：段階別ガイドブック』（マリー・テレーズ・チーチャ著、ILO、2008年）

とに詳細に調査します。たとえば従業員を監督する職務の責任ファクターについて、責任の種類やその程度（分担の有無）、監督する人数、監督する職務数などを調査します。アンケートのジェンダー中立性を保つために、女性が回答しやすいように事例を示すことなどが必要です。

5 アンケート結果の分析

アンケート結果の分析に基づいて、業務記述、職務を評価する各サブファクターのレベルの基準を確定します。この部分は点数に結びつくので重要です。この作業は、①職務ごとの記録の作成、②業務記述書の作成、③職務のプロファイルの作成、④ジェンダー中立性の確保、⑤矛盾の有無の確認、などです。

職務記録は、同じ職務担当者の回答を集め、比較・要約して作成します。また、業務記述も同じく回答を検討して、主要な業務をファクターに関連づけて確定して要約し記録します。なお、ここでは女性職の業務記述を念入りに検討することが必要です。

次に、回答に基づいて、サブファクターに対応した職務要件とそのレベルを確定して、

図表2 職務プロファイル

サブファクター	要請される業務	サブファクターのレベル	判断
知識			
経験/訓練			
複雑さ			
肉体的負荷			
精神的負荷			
コミュニケーション			
過失結果			
人的・物的資源			
肉体的環境			
危険			

出典：『公平の促進――平等な賃金実現のためのジェンダー中立的な職務評価：段階別ガイドブック』（マリー・テレーズ・チーチャ著、ILO、2008年）

図表3 割り当てられたレベルのジェンダー中立性の検討

ジェンダー支配的な職務	サブファクター					
	職務知識	コミュニケーション	精神的負荷	肉体的負荷	人への責任	労働条件
作業長	3	3	3	3	3	4
プログラム分析者	4	3	5	2	1	2
溶接工	2	1	2	4	1	5
倉庫の従業員	1	1	2	4	1	3
男性職の平均レベル数	2.5	2	3	3.3	1.5	3.5
会計係	4	3	4	1	1	2
CGの技師	4	3	3	2	1	2
顧客サービス監督	3	3	3	2	3	3
人材マネージャー	5	5	5	1	5	3
女性職の平均レベル数	4	3.5	3.8	1.5	2.5	2.5
サブファクターのジェンダー性	女性	女性	中立	男性	女性	男性

出典：『公平の促進――平等な賃金実現のためのジェンダー中立的な職務評価：段階別ガイドブック』（マリー・テレーズ・チーチャ著、ILO、2008年）

各職務のプロファイルを作成します。なお、そのレベルは、職務序列、学歴、賃金等に影響されずに確定することが重要です。また、矛盾のない評価をするには、職務ごとではなくサブファクターごとに職務のレベルを確定する方式が推奨されています（図表2参照）。サブファクターのレベルのジェンダー中立性を検証するために、図表3のような表を作成して検討します。

たとえば、6つのサブファクターのうち5つが男性職、1つが女性職に高いレベルが配分されているような不均衡がある場合は、再度検討して、必要ならば修正します。また、特定のレベルに職務が偏っていないか検証することも必要です。

6 職務価値の決定

ここでは評価ファクターのウェイトを決定し、職務に点数を配分します。その一連の作業は、①サブファクターのウェイトづけ、②一貫性とジェンダー中立性の確保、③サブファクターのレベルの配分、④男性職と女性職の総得点の計算、⑤点数帯の確定、⑥職務を点数帯ごとにまとめる、⑦差別

的なバイアスがないことの確認、などです。

ファクターのウェイトの軽重は、以下のような順序で行うと容易に確定することができます。

1. 4つのファクターを重要度に応じてランクづけします。
2. 各ファクターにランクに応じた割合（%）を割り当てます。
3. 1つのファクターのなかのサブファクターについても、同様にランクづけを行います。
4. ファクターに割り当てられている%を、サブファクターに配分します。

多くの事例では、質には20～35%、負荷は15～25%、責任は25～40%、労働条件は5～15%が配分されています（図表4参照）。

ウェイトは、賃金に直接影響するので、組織のミッションに結びつくウェイトづけをする必要があります（図表5参照）。また、ウェイトづけも、ジェンダー中立性の有無を検証しなければなりません。同表の下段に示したように、男性職務に高いレベルが配分されているサブファクターのウェイトの平均値と、同じく女性職務に高いレベルが配分され

図表4　ファクターのウェイトと点数表一覧

ファクター		ウェイト		点数	
質		32%		320	
	職務知識		12%		120
	コミュニケーション		10%		100
	肉体的スキル		10%		100
負荷		19%		190	
	感情的負荷		5%		50
	精神的負荷		8%		80
	肉体的負荷		6%		50
責任		39%		390	
	人々に対する責任		12%		120
	物に対する責任		12%		120
	お金に対する責任		15%		150
労働条件		10%		100	
	肉体的環境		5%		50
	心理的雰囲気		5%		50
総計		100%		1000点	

出典：『公平の促進――平等な賃金実現のためのジェンダー中立的な職務評価：段階別ガイドブック』（マリー・テレーズ・チーチャ著、ILO、2008年）

ているサブファクターの平均値を比較します。この差が大きい場合は、差別的な要素の有無や企業のミッションとの関係を検討することが求められています。

次に、各レベルに配点をします。算術級数的配点と幾何級数的配点方法がありますが、後者の場合、レベル間の差が大きくなるので、前者が推奨されています。ウェイトにしたがって、各サブファクターとレベルの点数が確定します（図表6参照）。ある職務で一部のサブファクターを含まないならば、出発点のレベル1の点数を低く抑える配点にします。

すでに、図表2のように職務プロファイルでこの職務の各サブファクターのレベルが確定していますから、そのレベルの点数が得られます。各サブファクターのレベルの点数を総計すると、評価対象職務の総得点が明らかになります。

参考のために、ジェンダー中立的な職務評価の先駆的な事例であるカナダ・オンタリオ州の看護師組合の職務評価表を紹介します。これは後に、イギリスの地方自治体やニュージーランドの公共部門の職務評価に影響を与えました（図表7参照）。

図表5　サブファクターの非差別的なウェイトの事例

サブファクター	サブファクターのジェンダー性	ウェイト、％
職務知識	F	12
コミュニケーション	F	10
肉体的スキル	M	10
感情的負荷	F	5
精神的負荷	N	8
肉体的負荷	M	6
人々に対する責任	F	12
物に対する責任	M	12
お金に対する責任	M	15
労働条件	M	10
総計		100

F：12＋10＋5＋12＝39　39÷4＝9.75　サブファクターの平均は9.75％
M：10＋6＋12＋15＋10＝53　53÷5＝10.6　サブファクターの平均10.6％
出典：『公平の促進――平等な賃金実現のためのジェンダー中立的な職務評価：段階別ガイドブック』（マリー・テレーズ・チーチャ著、ILO、2008年）

図表6　サブファクターのレベル数と点数

| ファクター | サブファクター | レベル | | | | |
		L1	L2	L3	L4	L5
質	職務知識	24	48	72	96	120
	コミュニケーション	20	40	60	80	100
	肉体的スキル	20	40	60	80	100
負荷	感情的負荷	12.5	25	37.5	50	
	精神的負荷	16	32	48	64	80
	肉体的負荷	15	30	45	60	
責任	人々に対する責任	24	48	72	96	120
	物に対する責任	24	48	72	96	120
	お金に対する責任	16	32	48	64	150
労働条件	肉体的環境	12.5	25	37.5	50	
	心理的雰囲気	12.5	25	37.5	50	

出典：『公平の促進――平等な賃金実現のためのジェンダー中立的な職務評価：段階別ガイドブック』（マリー・テレーズ・チーチャ著、ILO、2008年）

図表7　オンタリオ看護師組合（Ontario Nurses' Association, ONA）の
　　　　ジェンダーに中立的な比較システム（1994年）

		サブファクター	レベル級										
技能	1	公的教育とスキル更新											
		専門的教育	A	B	C	D	E	F	G	H	I	J	K
		学習と最新のスキル	A	B	C	D							
	2	技術的スキルと知識	A	B	C	D	E	F	G				
	3	組織的専門知識　part 1	A	B	C	D	E	F	G				
		part 2	A	B	C	D	E	F					
	4	コミュニケーションスキル	A	B	C	D	E	F					
	5	人間関係スキル	A	B	C	D	E						
	6	身体的スキル	A	B	C	D	E						
努力	7	問題解決力	A	B	C	D	E	F					
	8	知覚的負荷/集中力	A	B	C	D	E						
	9	肉体的負荷	A	B	C	D	E						
	10	感情的負荷	A	B	C	D	E						
責任	11	調整と管理	A	B	C	D	E	F	G	H			
	12	企画、組織化と展開	A	B	C	D	E	F					
	13	情報や物的資源に対する責任	A	B	C	D	E	F					
	14	市民／顧客／地域福祉に対する責任	A	B	C	D	E	F	G				
労働条件	15	労働環境	A	B	C	D	E	F	G	H	I		
	16	危険	A	B	C	D	E	F	G	H			
	17	仕事のプレッシャーとストレス	A	B	C	D	E						

出典：オンタリオ看護師組合（Ontario Nurses' Association, ONA）のジェンダーに中立的な比較システム（1994年）
カナダの地方自治体（Haldimand Norfoik）の公的保健部門で働く看護師（高齢者の訪問介護、学校看護師、公的保健担当看護師など）に対するジェンダーに中立な職務評価。
R.スタインバーグがONAの委託を受けて設置された職務評価委員会に雇われて作成された。点数やウェイトについては不明。
過去の職務評価の問題点などを検討し、感情労働の4つの側面（人間関係スキル、コミュニケーションスキル、感情的負荷、顧客の福利（well being）の可視化とその評価に挑戦した。

次に、職務の点数に基づいて職務にランクをつけます。さらに、グループ1は200〜299点、グループ2は300〜399点というように、点数の幅に区切ってそれぞれの点数に該当する職務をまとめます。同じ点数帯の女性職と男性職は同一価値（点数）であるとします。

このように、ある範囲内での点数の違いは許容し、均等とみなします。この点数を区切る幅を狭くすると職務間の賃金格差をもたらすし、広くすると賃金体系を単純化させてしまい、同一価値概念そのものを埋没させる懸念があります。ただし、この幅は賃金調整額に直接影響するので、労使の利害は対立します。この点数帯が新しい賃金等級になります。

7 同一価値職務間の賃金格差の計算と賃金の調整

この段階は、すべてのプロセスのアウトカムなので重要ですが、多くの指針、政策、手引書でこの部分を言及したものがありません。なお、雇用形態、契約期間の有無にかかわりなく、①比較する職務の基本給を決定、

②変動給の決定、③変動給における差別的なバイアスの排除、④福利厚生費の決定、⑤福利厚生費における差別的なバイアスの排除、⑥賃金格差の計算、⑦同一価値労働を実現するために賃金構造を調整する、⑧調整給の支払い、の順に行われます。

同一価値労働原則の対象とする賃金は、給料、変動給、福利厚生費を含む広い意味のものであり、報酬といわれるものに相当します。いくつか職務評価の試みが行われてきました。欧米とは賃金制度やキャリア形成の方法が異なっているので、裁判の鑑定人意見書において使用する場合はともかく、一般に女性労働者の賃金引き上げの根拠として同一価値労働原則やその基準となる職務評価方法を使用することに疑問を呈する者も少なくありません。しかし、日本的雇用が崩れ、年功賃金制度の適用から排除された非正規労働者や周辺的な正社員が増えていますし、パート労働法の改正時期も迫っています。格差解消策として、同一価値労働原則が普及する基盤はかってなかったほど広がっています。

前述のような各国における同一価値労働原則への取り組みや立法措置、女子差別撤廃委員会の日本政府への勧告などを考慮すると、

成果給などの変動給は、統一した基準で何年かの平均値で計算します。単独で職務を行うことに対して支払われる手当や生活費関連手当は、差別的な支給基準でないなら、比較・調整する報酬から除外します。

賃金調整の方法は、比較する職務が少ない場合は個々に、多い場合には賃金と価値の分布から得られる重回帰線（直線）との距離から調整額を決定します。ただし、強調すべきは、男性の賃金を引き下げて同一価値賃金を得るのではなく、男性の賃金まで女性の賃金を引き上げることです。

なお、熟練労働のなかには、労働力不足などの非差別的要素が原因となって賃金格差が生じる場合がありますが、その場合は比較対象職務から外す必要があります。

まとめにかえて
――労基法4条を検討する時期

日本においても、コース別雇用管理によって生じる大きな男女賃金差別を打開する方法

遅きに失した感は否めませんが、改めて労働基準法4条の男女同一賃金原則の再検討をして、同原則の可能性を検討する時期にきています。また、パート労働法の改正時にも同原則の導入が不可欠です。詳細は省略しますが、これまで紹介してきたガイドブックと比較すると、前述の厚生労働省『職務分析・職務評価実施マニュアル』は、格差解消どころか、むしろ格差拡大を促進するのではないか、と危惧されます。

周知のように「パートタイム労働法」のいう「均等待遇」の適用対象者は、正社員と同じ労働で責任や契約期間などが同一なパートタイム労働者に限定されています。しかし、『職務評価マニュアル』はこの限定された対象者の業務内容を洗い出すことによって正社員との違いをさらに抽出し、対象者を一層限定しようとしているかのように思われます。ILOのガイドブックのように同一価値労働に適用するものでもジェンダー中立性を重視した方法の設計でもまったくないというのが実情です。

今後、ますますパートタイム労働者や非正規労働者へ同一価値労働原則を普及させることが必要になりますが、それに対応して職務評価が重要になります。その際、本稿で紹介したスタインバーグが開発したオンタリオ看護師組合の職務評価やILOの職務評価ガイドブックは大いに役立つものと思われます。

【参考文献】
●居城舜子「アメリカ合衆国のペイ・エクイティ運動の今日的意義」『女性労働研究』38号、2000年
●居城舜子「賃金構造の変化とペイ・エクイティの可能性」経済理論学会編『季刊経済理論』第44巻3号、2007年10月
●居城舜子『「同一価値労働同一報酬」原則の変遷と到達点』「世界の労働」第59巻第10号、2009年11月
●ILO Promoting Equity : Gender-Neutral Job Evaluation for Equal Pay: A Step-by-Step Guide,2008

プロフィール
居城舜子（いしろ・しゅんこ）
元常葉学園大学教授。専門は、女性労働・労働経済学。女性労働問題研究会代表、フェミニスト経済学学会幹事。北海道大学大学院経済学研究科博士課程中退。静岡市在住。

BOOK GUIDE
ブックガイド

職務評価して均等待遇を実現しよう！
——ペイ・エクイティ（同一価値労働同一賃金）の実践講座ハンドブック

均等待遇アクション21京都
300円

　本誌PART2の「カンタン職務評価（実践編）」のベースとなった冊子である。

　「均等待遇アクション21京都」は、2005年、ペイ・エクイティ運動を広げるために、「職務賃金研究会」を立ち上げ、京ガス男女賃金差別裁判の判決と森ます美さんの「意見書」を活用して、より簡易な職務評価の方法の研究を積み上げてきた。その実践をもとに、ワークシートを使った「1時間でできるカンタン職務評価」を開発。これを使って、全国各地でワークショップを行っている。

　この冊子には、ワークシートのほか、保育士、ホームヘルパー兼務管理者、障がい者通所施設職員の職務項目、ファクター、点数配分などの事例が載っている。これを活用して、事例検討を重ね、自分たちの仕事を職務評価して数値化したものを、労働組合や企業などに積極的に提示し、交渉の手段に活用できるまでに高めてほしいと、著者らは訴えている。

　さまざまな職種で職務評価システムづくりが行われ、それを情報交換し合うことでさらにバージョンアップしたものがつくられていくことを期待したい。

　自分の職務を客観的に評価する作業を通じて、自分自身が行っている職務の重要性を発見し、自信を取り戻すという効果もあることが、各地のワークショップに参加した人から寄せられている。

【問い合わせ先】
TEL：0774-43-8734、FAX：0774-44-3102
http://kinto.blog52.fc2.com/

「介護・医療職における同一価値労働同一賃金原則の課題」研究報告集会の記録

東京ケアユニオン
500円

　2009年11月19日に開かれた研究報告集会でのパネルディスカッションの記録、ならびに大槻奈巳さん（聖心女子大学教員）による報告のパワーポイント資料「職務評価の実施と同一価値労働同一賃金原則に基づく賃金の是正について」が収録されている。

　パネルディスカッションのパネリストは、大槻さん、森ます美さんのほか、現場の看護職員、施設介護職員、介護職員の計5名。看護職員からは、「患者さんが高齢化していて、リスクが非常に高くなっている。モニタリングが主要な仕事になるなど、労働の内容が様変わりしていることにも気づいた」という感想が出された。施設介護職員からは、「認知症の人への対応には、感情労働が求められる。仕事を客観的に分析することは、賃金交渉を行う上で大きな力になる」と、職務評価することの意義が述べられた。介護職員からも、ホームヘルパーにとって感情労働のウェイトが非常に高いこと、「労働環境」の項目でも、密室的な空間で働いていることから、「不快」「危険度」が高いという報告があった。

　パワーポイント資料では、職務評価に基づいた賃金格差の是正について、看護師を基準にした場合（月給換算の時給をもとにすると）、
●施設介護職員：28〜37％上がった額
●ホームヘルパー：29〜67％上がった額
が妥当という結果が出されている。介護労働者の賃金改善の必要性について実態に即した根拠が示されたことは、非常に勇気づけられる。

【問い合わせ先】
TEL：03-5338-8983、FAX：03-5338-8984
http://www.tcu.jp/

おわりに
今後の課題

酒井和子
(均等待遇アクション21)

同一価値労働同一賃金に向けた動き

新政権の成立によってようやく、男女および正規・非正規間の均等待遇政策への流れが確かなものになってきました。2010年6月18日に「新成長戦略～『元気な日本』復活のシナリオ～」が閣議決定されています。そのなかの「(6)雇用・人材戦略」では、「ディーセント・ワーク（人間らしい働きがいのある仕事）」の実現に向けて、同一価値労働同一賃金に向けた均等・均衡待遇の推進、つき税額控除の検討、最低賃金の引き上げ、ワーク・ライフ・バランスの実現（年次有給休暇の取得促進、労働時間短縮、育児休業等の取得促進）に取り組む、と書かれています。

さらに、成長戦略実行計画（工程表）の実施スケジュールでは、同一価値労働同一賃金に向けた均等・均衡待遇の推進について、2010年度は、①有期労働契約について労働政策審議会で検討を開始し、②労働者派遣法を見直す2011年度には、①有期労働契約法を（労働契約法を）について審議会で結論を得て（労働契約法を）見直し、②パート労働法の見直しの検討を行う、としています。そして2013年度までに実施すべき事項として、パート、有期契約、派遣労働者の均衡待遇の確保と正社員転換の推進があげられています。

7月には、新成長戦略で重点的に取り組む目標とする2020年に向け、重点的に取り組む雇用・労働政策を検討するために、厚生労働省が招集した有識者による雇用政策研究会の報告書「持続可能な活力ある社会を実現する経済・雇用システム」も出されています。このなかでは、賃金・処遇の改善の項で均等・均衡待遇の推進として、有期契約労働者は均衡待遇など公正な待遇、派遣労働者は派遣先労働者との均衡考慮を規定した派遣法改正法案の成立、パート労働者は改正パート労働法施行3年後の検討などがあげられています。

また、内閣府が12月中に策定する第3次男女共同参画基本計画の案（以下、基本計画案）では、第4分野「雇用等の分野における男女の均等な機会と待遇の確保」で、はじめて「ILO同一価値労働同一賃金（100号）条約の実効性確保のため、職務評価手法等の研究開発を進める」と、具体的な施策が明記されました。これは第2次基本計画では言及されなかったもので、雇用分野ではもっとも評価できるものです。

企業の賃金制度も、年功賃金から職能資格等級制度や成果給へと変わってきています。日本経団連は、今後の賃金制度における基本的な考え方（2007年）のなかで、日本企業は、(1)「年齢給や勤続年数」を基準とした賃金項目（例：年齢給や勤続給など）、(2)「仕事・役割」を基準とした賃金項目（例：仕事給や役割給など）、(3)仕事を遂行するために「発揮した能力」を基準とした賃金項目（例：職能給など）などを設けて、賃金体系を構築しているが、経営環境の変化や課題を踏まえると、今後の賃金制度においては、年齢や勤続年数に偏重した賃金制度から、「仕事・役割・貢献度を基軸とした賃金制度」とすることが望ましいとしています。これは、職務を基本とした公正な賃金制度というよりも、役割とか貢献度という企業にとって必要な基準を取り入れようとするもので、新たな不公正や間接差別を生み出すことにもなり要注意ですが、明らかに賃金制度は年功基準から職務基準へと変化してきています。

労働組合も同一価値労働同一賃金の実現に向けて積極的な方針を出しています。連合の政策制度要求と提言（2010〜2011年度）では、「男女間および雇用・就業形態間の賃金格差是正の実現へ向け、日本が批准しているILO100号条約の実効性確保のため、職務評価手法の研究開発を進める」としています。

男女と正規・非正規で異なる手法

しかし、男女間の均等待遇と正規・非正規間の均等待遇では、政府の取り組みに明らかな違いがあります。

新成長戦略と基本計画案を比べてみると、両方とも、パートなど非正規の均等待遇には「同一価値労働同一賃金の実現に向けて法整備も含めて具体的取組方法を検討する」とあり、具体的取り組み方法としては職務評価マニュアルの手法が考えられています。ところが、男女間の均等待遇には、基本計画案は「職務評価手法等の研究開発を進める」と踏み込んだのに、新成長戦略は男女間の賃金格差には触れず、厚労省の施策も職務評価手法ではなく男女賃金格差是正のガイドラインが示さ

れただけです。

これでは、基本計画案で男女賃金格差是正に職務評価手法を取り入れようとしていることが無視され、男女賃金格差是正にはガイドライン、正規・非正規には職務評価マニュアル、と二本立てしている職務評価マニュアルは、正規・非正規の均等待遇だけでなく、男女賃金格差是正にも有効なツールとして研究開発を進めなければなりません。

また、新成長戦略も基本計画案もともに、女性の継続就業率や男性の育児休業取得率、長時間労働の抑制などの成果目標は立てられていますが、相対的貧困率の縮小や男女賃金格差解消に向けた成果目標は示されていません。2009年の女性一般労働者の賃金は男性の69・8％で、10年でわずか5％しか縮小していません（2009年版「働く女性の実情」厚生労働省）。非正規労働者も含めた男女賃金格差是正の具体的な目標を設定する必要があります。均等待遇アクション21事務局では、男女賃金格差：2015年75％（非正規労働者も含む）、2020年80％（同）という数値目標を提案しています。

男女賃金格差ガイドラインとパート職務評価マニュアル

厚生労働省は8月に「男女間の賃金格差解消のためのガイドライン」を発表しました。このガイドラインのもとになった男女賃金格差研究会は、正社員の男女賃金格差しか対象にしていません。賃金格差の要因としてあげているのは、勤続年数と管理職比率です。是正の方策としているのは、職場の実態調査や意識調査で賃金格差を可視化することと、ポジティブ・アクションです。

ガイドラインに添付された参考例の実態調査では、大卒以上の総合職・一般職の男女の比較が中心になっています。フルタイムの高学歴正社員に限定するのではなく、非正規も含めて職場の実態を反映しなければ、実効性を期待することはできません。

また、実態調査や意識調査を労使の自主的取り組みにゆだねるだけでなく、賃金格差是正に対する行政の指導強化を明確に打ち出すべきです。

前回のガイドライン以降、男女賃金格差是正については、内山工業、昭和シェル石油

商社兼松と3件の労基法4条違反の最高裁判決が出されています（15ページ参照）。ILO条約勧告適用専門家委員会や女性差別撤廃委員会（CEDAW）からも勧告が出されています。しかし、今回のガイドラインにはこれらの判決や勧告が反映されていません。異なる職務や職種、異なる雇用管理区分間の男女賃金格差にも、労基法4条を適用した行政指導を強化すべきです。

パート労働者と正社員の均等待遇に関して、厚生労働省はパート労働法に基づいて、使用者向けに『職務分析・職務評価実施マニュアル～パート社員の能力をより有効に発揮してもらうために～』を作成しました（66ページ参照）。

厚生労働省が職務評価の実践に着手したことは一歩前進ですが、国際基準の4ファクター（①知識・技能、②精神的・肉体的負荷、③責任、④労働環境）による分析はしていません。このマニュアルの職務評価では、①業務の内容と、②責任の程度の2つが同一の場合のみ職務内容が同じであるとし、きわめて限定的です。正社員とまったく異なる仕事をしていても、同じ仕事や専門的な仕事をしていても、使えるマニュアルでなければ、同一価値労働同一賃金の実施の役には立ちません。

基準監督署や労働局および雇用均等室など先にあげた職務評価制度に基づいて指導する体制を整備していくことが必要です。そのためには、職務評価ができる専門家委員会を使って、公正な職務評価をする必要です。裁判所や労働審判委員会が職務評価をする必要があるときには、この専門家委員会に委託することができるようにします。

職務評価の実施に向けた課題

■客観的で性中立的な職務評価制度の構築

女性と男性、非正規と正規の賃金格差を可視化するツールとして、客観的で性中立的な職務評価制度の構築こそ行政が取り組むべき緊急の課題です。職務評価を社会化するための実践的な研究や、労基法4条違反の最高裁判決など男女賃金格差是正に向けた取り組みは、この10年で多くの成果をあげてきました。

こうした研究者、裁判や労働組合で職務評価を実践してきた労働者の実務を反映させ、職場で具体化できる職務評価制度を迅速に構築するよう、政府や国会議員、政党へ働きかけていかねばなりません。

■労働組合の取り組み

賃金差別をなくすには、職場で格差の実態を調査し、職務分析・評価を実施し、職務評価をもとにして労使交渉で賃金是正をはかるという手順になるので、労働組合の積極的な取り組みがキーポイントになります。職務評価制度を企業ごとにつくるには相当の労力が必要とされるため、職場で普遍的に使えるわかりやすい制度を開発するのは、連合など労働組合のナショナルセンターの課題です。

自治労では、介護労働の職務評価の取り組みをすすめてきましたが、さらに自治体の取り組みとして、保育所や図書館などで、正規と非正規の職務の比較調査をして同一価値労働同一賃金の取り組みをする予定です。まず、公

■中立的な職務評価の専門家委員会の設置

政府は、職務評価制度の促進を援助すると、労働

務職場で職務評価に取り組み、民間職場に広げていくのが現実的です。

イギリスでは、公共部門の労働組合であるUNISONが主導して、同一価値労働同一賃金による賃金格差裁判に勝利し、現在の賃金格差是正だけでなく過去6年間のバックペイを得ることができました。地方自治体と国民医療サービスで働く清掃・調理・介護の女性労働者から大量の賃金格差是正の訴訟があり、労働組合が職務評価や訴訟のサポートをしてきました。

■NGOの取り組み

均等待遇アクション21などのNGOでは、ワークショップで、カンタン職務評価を使って自分の仕事の価値を評価してみるという試みをやってきました。職場では、女性や非正規の仕事は困難度が低く責任も軽いとみなされ、経験も評価されてきませんでしたが、職務評価をやってみることで、自分の仕事の価値を再評価し、自信を持つことができます。賃金差別裁判でも職務評価を行って賃金格差を実証することは有効な手法です。NGOや労働組合の支援が欠かせません。

■司法への国際条約遵守の徹底を

兼松事件の判決では、雇用管理区分が異なるコースにおける仕事の同質性を認めました。しかし、昭和シェル石油野崎事件の和文タイプ業務や兼松事件の秘書業務については、職務評価をせずに、女性職だから低い価値の職務であると認定しています。裁判所が、職務評価の基準に基づかないで判断することは、日本国憲法98条により国内法と同等にみなされます（注）。司法への国際条約遵守の徹底が必要です。

批准した条約は、ILO100号条約、女子差別撤廃条約2条、11条に違反しています。

男女雇用機会均等法の改正では、省令で3つに限定した間接差別（19ページ参照）の事項を増やして例示とすること、指針の雇用管理区分の撤廃が必要です。

パート労働法には、はじめて8条に差別禁止が明記されましたが、均等待遇の条件となる、①職務の同質性、②転勤、配転の有無、③契約期間の有無、の3要件のうち、②と③を削除し、『職務分析・職務評価実施マニュアル』を改訂することが当面の課題です。有期契約労働者の均衡考慮を定めた労働契約法や、派遣先労働者との均衡考慮を定めようとしている派遣法改正案も、パート労働法の8条を改正した内容と同じにすべきです。

■同一価値労働同一賃金に関する法改正

労基法4条は同一価値労働同一賃金原則を明文化していませんが、その原則を運用した労基法4条違反の判決がいくつもあります。労基法4条違反の判決を明文化することも必要ですが、仕事が違うから労基法4条違反ではないと退けてしまわないように、労基法4条違反の有無を判断するには職務評価制度を用いるという運用基準をつくり、裁判所や労基署が是正命令を出していくことが、より有効な救済策となります。

（注）日本国憲法98条2項：日本国が締結した条約及び確立された国際法規は、これを誠実に遵守することを必要とする。

プロフィール
酒井和子（さかい・かずこ）
東京都豊島区で市民団体「ぐるーぷ赤かぶ」や女たちのワーカーズを協同で運営しながら、女性の生活・労働相談にかかわっている。「女性のワーキングライフを考えるパート研究会」や「均等待遇アクション21」で活動。

上の研究成果は、本書第Ⅱ部の第5章〜第8章で詳述され、第Ⅲ部第9章の日本における法制度の改正提案にも反映されている。

ペイ・エクイティの実施システムを提案

　これらの研究結果を踏まえ、私たちが本書で提案した「同一価値労働同一賃金原則の実施システム」は3つの施策からなっている。ひとつは、司法の領域で賃金差別に事後的に対処する「紛争解決手続」における「独立専門家」の制度である。2つめは、企業や公務部門が個別訴訟を待つことなく、事前に積極的に組織内の賃金差別の有無をチェックし、自らの手で不当な賃金格差の解消を図る「平等賃金レビュー」の実施である。これら事前と事後の賃金差別解消の主要なツールとして同一労働／同一価値労働／比例価値労働を判定し、それに対応した平等賃金を保障する中心的な施策が、私たちの開発した「職務評価システム」による職務分析・職務評価の実施である。これが3つめの、もっとも基本的な施策といえる。

　これら3つの施策を現実に実行に移すためには、根拠となる労働基準法、男女雇用機会均等法、パートタイム労働法等の改正が求められる。「根拠となる法とその改正」および「実施システム」の詳細については、第Ⅲ部の第9章と第10章でそれぞれ述べている。

ペイ・エクイティ政策の前進の兆しと本書の意義

　2010年になって、日本でもようやくペイ・エクイティ政策（同一価値労働同一賃金政策）に前進の兆しが見えてきた。この背景には、近年のILO条約勧告適用専門家委員会や国連の女性差別撤廃委員会からの「原則」の実施を求める意見や勧告がある。

　「兆し」のひとつは、「第3次男女共同参画基本計画策定に当たっての基本的な考え方」（2010年7月23日「答申」）において、ILO第100号条約の実効性確保のために、「職務評価

目次
第Ⅰ部　日本における同一価値労働同一賃金原則と職務評価システム
　第1章　正規・非正規労働者の仕事観・賃金観
　第2章　医療・介護サービス職の職務評価
　第3章　スーパーマーケット販売・加工職の職務評価
　第4章　日本における職務評価システムの論点

**第Ⅱ部　同一価値労働同一賃金原則と実効性の確保
　　　——イギリスを例に**
　第5章　イギリス平等法制の現時点と課題
　第6章　イギリス法・EU法における男女同一価値労働同一賃金原則
　第7章　非典型労働者の平等処遇
　第8章　実効性の確保に向けて

第Ⅲ部　同一価値労働同一賃金原則の実施システムの構築に向けて
　第9章　日本の賃金差別禁止法制と紛争解決システムへの改正提案
　第10章　日本における同一価値労働同一賃金原則の実施システムの構築
　　　——本研究からの提案

手法等の研究開発を進める」ことが位置づけられたことである。2つめは、2010年6月に閣議決定された「新成長戦略」に、「雇用・人材戦略」の主な施策のひとつとして「同一価値労働同一賃金に向けた均等・均衡待遇の推進」が掲げられたことである（その道筋の具体化は今後の課題であるが）。3つめは、2010年7月に、厚生労働省がはじめて「パートタイム労働法に沿った職務評価手法」として『職務分析・職務評価実施マニュアル』を公表したことである。

　このようなペイ・エクイティをとりまく環境の進展のなかで、同一価値労働同一賃金原則の今日的諸課題と切り結ぶ本書の意義は、当初の予測を超えてはるかに大きなものとなった。男女間／正規・非正規間の賃金格差の是正に日夜取り組んでいる皆さんに、本書をぜひ読んでいただきたい。
　　　　　　　　　　　　　　　（森ます美）

プロフィール
森ます美（もり・ますみ）
昭和女子大学人間社会学部 教授、博士（経済学）。
専門は、労働とジェンダー論、社会政策。著書に、『日本の性差別賃金——同一価値労働同一賃金原則の可能性——』（有斐閣、2005年）、共著に『同一価値労働同一賃金原則の実施システム——公平な賃金の実現に向けて——』（有斐閣、2010年）、『女性と仕事』（御茶の水書房、2010年）など。

BOOK GUIDE
ブックガイド

共同研究の成果を踏まえ、具体的な実施システムを提案

同一価値労働同一賃金原則の実施システム
―公平な賃金の実現に向けて―

森ます美・浅倉むつ子編／有斐閣／2010年12月
5,040円（本体4,800円）

社会政策と労働法の研究者による共同の成果

　本書は、私たちが2006年度から2008年度にかけて日本学術振興会科学研究費補助金を受けて行った共同研究、「日本における同一価値労働同一賃金原則の実施システムの構築－男女平等賃金に向けて－」（研究代表者 森ます美）の成果をまとめたものである。

　日本で同一価値労働同一賃金原則（ペイ・エクイティ）を実現するための「実施システム」を構築して、政府や企業・労働組合に「原則」の実行を迫ろうという研究は日本「初」であったが、それを推進する研究グループも、社会政策と労働法の研究者の連携というこれまたユニークな構成である。

　私たちは、3つの課題を設定して研究を推進した。第1に、男女労働者および正規・非正規労働者に同一価値労働同一賃金を保障する性と雇用形態に中立な職務分析・職務評価システムを、わが国の職場慣行等を考慮して構築する、第2に、同等の労働に従事しながら性や雇用形態によって賃金差別を受けた労働者を救済するために、同一価値労働同一賃金原則に基づく実効性の高い紛争解決システムを構築する、第3に、イギリスにおける同一価値労働同一賃金原則に関する職務評価制度と、同原則を担保する紛争解決システムを探究する、である。

　第1の課題を担当した社会政策グループは、医療・介護サービス職（看護師、施設介護職員、ホームヘルパー、診療放射線技師4職種の正規・非正規従業員）とスーパーマーケット販売・加工職（正規・パート従業員）をモデル職種として、職務分析・職務評価を行い、そのプロセスで、わが国の職場慣行に適合する「得点要素法」による職務評価システムの構築を模索した。具体的には、これら対象職種に従事する従業員54人に対するインタビューと2回の大規模な調査を実施した。ひとつは2007年に行った「仕事と賃金に関する意識調査」であり、2つめは2008年に実施した「仕事の評価についてのアンケート」である。後者では、仕事の担当者に「職務の価値」を評価してもらい、同一価値労働同一賃金額を算出した。これらの研究の成果は、別掲の本書の「目次」を参照していただきたいが、第Ⅰ部の第1章～第4章で詳述され、第Ⅲ部の第10章の提案に反映されている。

　一方、第2、第3の課題を担当した労働法グループは、イギリスおよびEUの同一価値労働同一賃金原則とかかわる法律の運用・適用の実態や紛争解決の最新動向を把握するために、2007年9月にロンドンを訪問し、インタビュー調査を行った。訪問先は、労働法の研究者、ACAS（助言・あっせん・仲裁局）、UNISON（公務員労働組合）、EOC（機会均等委員会）、WEU（女性平等担当部）、TUC（労働組合会議）、ET（雇用審判所）、独立専門家など多様であった。

　イギリスでは、2006年平等法における公的機関の平等義務、2010年平等法におけるジェンダー賃金格差公表義務など、日本においても参考になる制度化が進行しつつある。現地調査後は、イギリスとEUの同一価値労働同一賃金原則をめぐる判例を精査し、分析を加えた。以

労働教育センターのホームページをご覧ください。
http://www.rks.co.jp/

女も男も―自立・平等― No.116 2010年秋・冬号
男女賃金格差をなくすために
やってみよう！職務評価

編集／労働教育センター編集部

編集協力
宮　　淑子（ジャーナリスト）
池田　芳江（元日本教職員組合副委員長）
星　　恵子（元日本教職員組合女性部長）
池田　啓子（日本教職員組合女性部長）
杉村　和美（フリーエディター）

デザイン／M2 Company

発行日／2010年11月30日
発行所／㈱労働教育センター
発行人／南　節子
〒101-0003 東京都千代田区一ツ橋2-6-2 日本教育会館
電　話／03（3288）3322
振　替／00110-2-125488
定　価／1,860円（本体価格1,772円＋税）

本誌の年間購読予約をおすすめいたします。お近くの書店、または当社へ直接お申し込みください。年間購読の場合は3,720円（送料込）です。